Freya v. Stülpnagel

Und immer wieder – zurück ins Leben

Freya v. Stülpnagel

Und immer wieder – zurück ins Leben

Was Trost gibt und Kraft verleiht

Kösel

Sollte diese Publikation Links auf Webseiten Dritter enthalten, so übernehmen wir für deren Inhalte keine Haftung, da wir uns diese nicht zu eigen machen, sondern lediglich auf deren Stand zum Zeitpunkt der Erstveröffentlichung verweisen.

MIX
Papier aus verantwortungsvollen Quellen
FSC® C014496

Verlagsgruppe Random House FSC® N001967

Neumarkter Str. 28, 81673 München
Umschlag: Weiss Werkstatt, München
Umschlagmotiv: © Stephan Rumpf / Süddeutsche Zeitung Photo
Abbildung auf S. 135: Karin Luise Klaus, München
Satz: Satzwerk Huber, Germering
Druck und Bindung: GGP Media GmbH, Pößneck
Printed in Germany
ISBN 978-3-466-37211-9
www.koesel.de

Dieses Buch ist auch als E-Book erhältlich.

Meinen Enkelinnen und Enkeln,
Conrad, Leopold, Lucia, Benedikta,
Janus, Marie und …

Inhalt

Vorwort

Meine Trauertrilogie ist komplett – Bücher will ich nicht mehr schreiben, das war meine Überzeugung. Warum also jetzt doch noch ein Buch?

Wenn dieses Buch erscheint, werden zwanzig Jahre vergangen sein seit dem Tod unseres Sohnes Benni am 6. April 1998. Eine lange Zeit, in der viel geschehen ist. Aus den seelisch tiefsten Tiefen heraus hat sich für mich ein Leben entwickelt, von dem ich damals nicht einmal ahnte, dass es so ein Leben überhaupt für mich geben könnte, geschweige denn, wie es aussehen könnte.

Zunächst emotional taumelnd und unsicher, verletzbar und tastend habe ich mich auf den Weg gemacht. Nach und nach hat sich mir eine ganz neue Welt aufgetan, eine neue Innen- und eine neue Außenwelt. Mein Herz wurde durch den Tod von Benni aufgebrochen und das aufgebrochene Herz hat viel erfahren und viel empfangen können und dürfen, Schweres und Leichtes, Trauriges und Fröhliches.

Die autobiografischen Geschichten in diesem Buch sind alle aus der Zeit nach dem 6. April 1998. Es sind kleine Lebensgeschichten, die anderen Trauernden Mut machen möchten, auch im Alltäglichen, manchmal im Besonderen, nach und nach wieder Lebendigkeit, Hoffnung, Zuversicht und Vertrauen zuzulassen und gewinnen zu können. Es ist möglich. Und die Gedichte, die mir so geholfen haben, sie gehören zu meinen Geschichten, wie die Geschichten zu mir gehören.

Das Entscheidende ist, dass wir uns auf den Weg machen, neue Schritte wagen, aber auch das verwundete Herz pflegen und beschützen und uns überraschen lassen, was das Leben noch mit uns vorhat.

Zu den kleinen Schritten und zu dem Schutzraum, den wir Trauernde benötigen, ist mir das Symbol der Schildkröte in den Sinn gekommen. Auf der Hochzeit meiner Nichte im Sommer 2002 hielt ich als Patentante eine Rede und schenkte ihr eine große, aus Holz geschnitzte Schildkröte. Ich sagte:

»Nehmt diese Schildkröte als Symbol und Wappentier für eure Ehe. Die Schildkröte hat einen wunderbaren, starken Panzer, unter dem sie sich verstecken und mit dem sie sich schützen kann vor Gefahren von außen. Weiter kommt sie aber nur, wenn sie ihre verwundbaren Teile zeigt, ihren Kopf und ihre Beine. Nur wenn wir unsere verletzlichen Seiten

zulassen und zeigen, kommen wir weiter im Leben und in Beziehungen. Und das wünsche ich euch, ein Gespür dafür, wann ihr euch unter den Panzer zurückziehen und wann ihr weitergehen und euch wirklich zeigen wollt.«

Wie gut passt das auch für uns Trauernde! Auch wir können wie die Schildkröte nur kleine Schritte machen und rennen nicht wie ein Wiesel durch unsere Trauer, wie mancher es vielleicht gern hätte nach dem Motto: In einem Jahr ist alles vorbei.

Bei Wochenendseminaren mit Trauernden mache ich gern einen Morgengruß, der aus dem Tai-Chi stammt. In diesem Morgengruß gibt es eine Textstelle, die ich ein wenig variiere: »Ich nehme, was ich brauche, es ist genug für alle da. Ich lege ab, was ich nicht mehr brauche …«

Ja, wir dürfen uns vom Leben das nehmen, was wir brauchen, und können getrost das ablegen, was wir nicht mehr brauchen – von allem gibt es genug. Und wir Trauernden haben ein sicheres Gespür und einen klaren Blick dafür, was dem Leben dient und was hinderlich ist.

Für diese Unterscheidung wünsche ich den Leserinnen und Lesern Mut, Kreativität und Vertrauen. Und noch ein Hinweis: Lassen Sie alle gut gemeinten Ratschläge beiseite, wir wissen, dass Ratschläge Schläge sein können, die nicht weiterhelfen. Ihre innere Stimme, das ist Ihr Kompass. Sic wird Ihnen helfen zu erkennen, was Sie nährt – seelisch und körperlich.

Ausverkauf in gutem Rat

Ich habe aus traurigem Anlaß jüngst
So viel freundschaftlichen Rat erhalten,
Daß ich mich genötigt sehe,
Einen Posten guten Rat billig
Abzugeben.
Denn: so einer in Not ist,
Bekommt er immerfort
Guten Rat. Seltener Whisky.

Durch Schaden-Freunde
Wird man klug.
Sie haben für alles
Passenden Rat parat.
Für Liebeskummer und Lungenkrebs.
Für Trauerfälle und deren Gegenteil.
Denn Rat erspart oft Taten.
Befolgt der Freunde Un-Rat nicht!
Dann seid ihr wohl beraten.

Mascha Kaléko

Wie gut, dass es nicht geklappt hat

Eine Mutter, die ihr Kind verloren hat, also eine verwaiste Mutter, die regelmäßig zum Gespräch und auch in die Gruppe zu uns nach München kam, bat mich eines Tages, zu ihr nach Franken in eine kleinere Stadt zu kommen, um einen Vortrag über Trauer zu halten. Sie hatte sich mit anderen trauernden Müttern verabredet und sie hatten den Abend wohl ein halbes Jahr intensiv und sorgfältig vorbereitet. Sie hatten eine gute Öffentlichkeitsarbeit gemacht, waren fündig geworden bei der Sponsorensuche und hatten es erreicht, dass ihnen das Landratsamt einen Raum für die Veranstaltung zur Verfügung stellte. Alles war perfekt vorbereitet.

Ich reise grundsätzlich mit der Bahn, es entspannt mich und ich kann mich innerlich auf den Vortrag vorbereiten. Was wird es für ein Auditorium sein? Wie viele Menschen werden kommen? Sind es zwanzig oder fünfzig? Komme ich mit den Menschen danach gut ins Gespräch? Wie wird die Atmosphäre sein?

Ich wurde vom Bahnhof abgeholt, die Mutter war schon ganz aufgeregt, denn es war schließlich das erste Mal, dass sie so eine Veranstaltung organisiert hatte. Die Veranstalterinnen hatten alle keine Ahnung, ob und wenn ja, wie viele Menschen kämen. Es wäre ihnen sicherlich furchtbar unangenehm gewesen mir gegenüber, die ich zweieinhalb Stunden Fahrzeit hatte, wenn nur zehn Zuhörer kommen würden. Aber es war etwas für sie noch viel Schlimmeres passiert. Kurzfristig hatte ihnen das Landratsamt am Morgen mitgeteilt, dass der Raum nun doch nicht zur Verfügung stünde. Das Entsetzen und die Panik konnte ich mir lebhaft vorstellen. Was machen wir nun? Wohin können wir ausweichen? Der Zufall wollte es, dass der Schulleiter, dessen Schule ganz in der Nähe war, ihre Not mitbekommen hatte und ihnen spontan die Turnhalle als Ausweichquartier anbot. Dies erzählte mir die Mutter gleich nach der Ankunft, als wir im Auto unterwegs waren. Sie entschuldigte sich dafür sehr bei mir. »Naja, eine Turnhalle«, dachte ich mir, »ist ja auch nicht gerade der stimmungsvolle Raum für mein sensibles Vortragsthema!« Aber, es ist, was es ist. »Lass ich mich doch einfach überraschen. Schauen wir einmal, wie der Abend wird.« So meine Gedanken.

Und dann wurde ich von den Müttern so freundlich und liebevoll empfangen, dass mir schon am Anfang das Herz aufging. Auch wenn die Sprossenwände an der Wand, die Ringe an der Decke, die Stufenbarren an der Seite tatsächlich nicht gerade eine anheimelnde Atmosphäre schafften. Es war halt eine Turnhalle und es gibt gemütlichere »Locations«, aber die Herzlichkeit und Freude über mein Kommen war so groß, dass die äußeren Umstände in den Hintergrund rückten. Eine der Organisatorinnen hatte mir ein kleines, feines Abendbrot vorbereitet, weil sie meinte, ich bräuchte doch noch vorher eine Stärkung, ein besonders gutes Wasser stand auf dem Tisch, die Musiklehrerin von der Musikschule probte mit zwei Schülerinnen für die Pausen, die ich immer einlege, um den Zuhörern ein wenig Zeit zum Nachsinnen und -spüren der Texte zu lassen.

Das alles bewirkte eine gelöste, heitere Atmosphäre.

Es waren sehr viele Stühle aufgestellt, als wir kamen. Ganz schön mutig, dachte ich. Und dann geschah es: Die Menschen strömten in den Raum, es wurden immer mehr, sodass noch Stühle dazugestellt werden mussten, zum Schluss gab es noch die Turnbänke, auf die sich die Zuhörer setzen konnten. Es war überwältigend, für die Veranstalterinnen und für mich. Etwa einhundertsechzig Zuhörer waren gekommen, um etwas über das Thema: »Wenn ich nur wüsste, was du brauchst. Zum heilsamen Umgang mit eigener und fremder Trauer«, zu hören. Es wurde ein sehr angeregter Abend, denn der Funke von den Zuhörern springt ja immer zu mir über oder umgekehrt, ich weiß nicht, was hier letztlich Ursache und Wirkung ist. Auf jeden Fall wurde es ein ausgesprochen gelungener Abend, von dem ich ganz beschwingt zurück nach München fuhr, auch wenn ich erst nach Mitternacht zu Hause ankam.

Die Erleichterung und Freude des Organisationsteams war spürbar. Die Mutter sagte mir direkt nach der Veranstaltung gleich, wie froh sie gewesen war, dass das Landratsamt den Raum abgesagt hatte, denn in dem Raum hätten maximal fünfzig Menschen Platz gehabt. »Was hätten wir denn bloß gemacht mit all den Menschen, die gekommen wären? Es wäre ja überhaupt nicht gegangen.«

Manchmal fügt es sich eben zum Guten, auch wenn wir uns zunächst wie vor den Kopf gestoßen fühlen, dass es nicht so klappt, wie geplant. Aber dann geschieht etwas, was viel besser passt. Oder wie unser Freund, Pfarrer Klaus Günter Stahlschmidt sagt: »Ich wünsche dir nicht, dass es gut geht, aber dass es gut ausgeht.«

Es war gut ausgegangen, sehr gut!

zufall

glückspilz oder pechmarie
du purzelst durch die trommel
der großen weltenlotterie
aus atomen und planeten

kugeln rollen und fliegen
greif die bälle auf
die das leben dir zuspielt
wirf sie weiter

vielleicht hat gott
auf dich gewettet

Andreas Knapp

Angst und Vertrauen

Gut erinnere ich mich daran, wie viel Angst ich nach dem Tod von Benni um unsere anderen Kinder hatte. Fast verrückt wurde ich, als unser anderer Sohn wenige Tage nach dem Tod von Benni mit dem Auto abends unterwegs war und zu uns sagte: »Ich komme nicht so spät wieder.« Um elf kam er nicht, um zwölf kam er nicht, um eins war er immer noch nicht da. Es war in der Zeit vor dem Handy. Wir saßen senkrecht im Bett vor lauter Sorge. Als er dann um zwei Uhr nachts nach Hause kam, sagten wir ihm, dass das im Moment einfach gar nicht ginge, weil wir so tief verunsichert seien. Es passierte auch nicht wieder.

Eine andere angstauslösende Situation war, als unser Jüngster im Alter von etwa sechzehn Jahren abends mit Freunden in München Schwabing unterwegs in Diskos oder Bars war. Ich hatte gar kein gutes Gefühl, wenn er dann nachts mit der S-Bahn nach Hause fahren sollte. Deshalb wollte ich ihn mit dem Auto abholen, was er absolut »daneben« fand, richtig peinlich seinen Freunden gegenüber nach dem Motto: Bist wohl ein Muttersöhnchen. Wir fanden schließlich den Kompromiss, dass ich ihn nicht direkt vor der »Location« in Empfang nahm, sondern etwas um die Ecke im Auto wartete, damit niemand sah, dass er abgeholt wurde.

Als er dann achtzehn Jahre wurde, das war acht Jahre nach Bennis Tod, wurde mir klar, dass ich ihn nicht länger beschützen konnte. Ich hatte meine Angst auch einigermaßen unter Kontrolle. Hilfreich war sicherlich das Immer-wieder-drüber-Nachdenken, dass es nicht in unserer Hand liegt, wann ein Mensch von dieser Welt geht. Das bezieht sich auch auf unsere Kinder. Überhaupt, was haben wir denn für Sicherheiten in der Hand? Gar nichts. Den Schutz unserer Kinder musste ich in höhere Hände legen. Angst hilft mir nicht, das wusste ich inzwischen. Ich musste darauf vertrauen, dass sie beschützt und behütet werden. Manchmal kam mir diese Haltung etwas fatalistisch vor, aber langsam entwickelte sich wieder ein Grundvertrauen in das Leben, das uns jetzt und nur jetzt zur Verfügung steht. Alles andere liegt nicht in unserer Hand.

Um die Angst loslassen und Vertrauen gewinnen zu können, ist es meiner Erfahrung nach wichtig, zunächst die Angst als Angst anzuerkennen und sie zu akzeptieren. Nur dann kann vermieden werden, dass wir Angst vor der Angst haben. »Ja, ich habe Angst«, kann ich mir sagen, »ich sehe dich, aber ich lass mich von dir nicht beherrschen.« Ich kann dem etwas entgegensetzen. Ich kann mich immer wieder daran erinnern, wo ich gut beschützt wurde, wo ich vielleicht auch Glück hatte, dass nicht noch Schlimmeres passiert ist. Der Blick auf diese Erfahrungen kann uns helfen, Vertrauen in die Zukunft zu entwickeln. Und dann ganz banal: Ganz egal ob ich Angst oder Vertrauen habe, es geschieht, was geschieht, unabhängig von meiner inneren Verfassung. Deshalb entscheide ich mich doch lieber für das Vertrauen, was mir eine gewisse innere Gelassenheit ermöglicht, die Dinge so anzunehmen, wie sie kommen. Oder nach Erich Fried: »Es ist, was es ist, sagt die Liebe.«

Leben – oder das rote Ei

Der 6. April 1998, als unser Benni starb, war der Montag nach Palmsonntag.

Unser dritter Sohn, der gerade seinen achtzehnten Geburtstag gefeiert hatte, nahm sich für uns vollkommen unvorbereitet und unvorstellbar das Leben. Sicher, es ging ihm seit ein paar Wochen nicht so gut, er hatte sich von der Grippe, die wir alle hatten, nicht richtig erholt. Ich verstand sein Schlappsein als Nachwehen dieser Erkrankung, ohne auch nur ansatzweise auf die Idee zu kommen, dass sich bei ihm wohl eine schwere Depression anbahnte. Mit dieser Erkrankung hatte ich mich noch nie beschäftigt, hatte keine Ahnung, welche Symptome dafürsprachen, und so dachte ich, dass dieses Kind, dem bis dahin alles so locker gelang, wohl auch einmal eine Phase durchmachen müsste, in der nicht alles so leicht ging. So eine Zeit gehört wohl auch zum Erwachsenwerden, so dachte ich mir. 1998 wussten die Ärzte auch noch nicht so viel über Depressionen, sodass keiner der Ärzte, bei denen wir waren, auf die Idee kam, dass es sich um eine solche handeln könnte. Alle meinten nur, das sei aufgrund der schweren Grippe ganz normal. Sie meinten, er sollte nicht so viel tun, autogenes Training machen, das würde ihm helfen. Tat es aber nicht. Und er war enttäuscht. Ich dachte an einen Gehirntumor und wir wollten ihn in einer Klinik untersuchen lassen, um die Ursache für seine Müdigkeit, sein Schlappsein und seine Erschöpfung zu finden. Dazu kam es nicht mehr, »in die Klinik gehe ich nicht«, sagte er. So wurde der 6. April 1998 zum einschneidendsten Datum in unserem Leben. Alles brach zusammen. Es war der Montag nach Palmsonntag. Diese Woche wurde »unsere Karwoche«, in der unser Leben von einer Minute auf die andere in eine neue Dimension geschleudert wurde. Alle bis dahin gelebten oder gedachten Wirklichkeiten brachen wie ein Kartenhaus in sich zusammen. Der freie Fall! Unsere große emotionale und orientierungsgebende Stütze in dieser Zeit war unser katholischer Pfarrer Klaus Günter Stahlschmidt, der immer da war mit seiner achtsamen Präsenz. Ungefragt.

Viele Jahre sind seit dieser Zeit vergangen, immer war es in den nächsten Jahren – unabhängig vom Datum – die Karwoche, die uns an unseren persönlichen »Karfreitag« erinnerte und die Bilder dieser besonderen Woche vor unserem inneren Auge Revue passieren ließ.

Die ersten Nächte konnte ich nicht schlafen, geisterte in der Nacht im Haus herum, fing nachts um zwei Uhr zu bügeln an oder schrieb auf einem Spiralblock alle meine Gedanken auf, ein Blatt nach dem anderen, stundenlang saß ich so da und schrieb und schrieb. Den Block gibt es noch, ich habe ihn mir aber nie wieder angesehen. Sonst existiert diese Woche in meiner Erinnerung als ein Knäuel von verwirrenden, unwirklichen und doch wirklichen, existenziellen und zwischen zwei Welten stehenden Einzelheiten, gehalten und verbunden durch die tiefste Erschütterung meines Lebens.

Ein Lichtblick, im wahrsten Sinne des Wortes, war der Ostersonntagmorgen. Es war vielleicht acht Uhr morgens. Meine Schwester und ich »torkelten« erschöpft in die Küche, um Teewasser aufzusetzen. Plötzlich erschien vor dem großen Fenster unseres Esszimmers eine weiße Gestalt, die ich, weil ich so kurzsichtig bin, gar nicht genau erkennen konnte. Was ich aber erkannte war, dass diese Gestalt einen Korb in der einen Hand hatte mit knallroten Eiern und in der anderen Hand eine Flasche Wein. Meine Schwester, noch im Nachthemd, öffnete die Tür und nahm von unserem Pfarrer beides in Empfang. Er hatte sich unmittelbar nach dem Ostermorgengottesdienst, der um vier Uhr dreißig begonnen hatte, in sein Auto gesetzt, noch mit seiner weißen Soutane bekleidet, um uns dieses Ostergeschenk vorbeizubringen. Ein Osterlamm war auch noch dabei. Dieses

Bild, die weiße Gestalt mit dem Korb voll roter Eier und der Flasche Wein in der anderen Hand, werde ich in meinem ganzen Leben nicht vergessen. Es versinnbildlicht für mich bedingungslose Zuwendung, das Einbeziehen der »Außenstehenden«, den tiefsten Sinn des Ostermorgens lebend, den Keim der Hoffnung legend. Heute ist mir klar, dass unser Pfarrer damit eine Verbindungsbrücke geschaffen hat von erlebtem Karfreitag und der Möglichkeit der Auferstehung, wie immer sie aussehen könnte – eines Tages, eines fernen Tages. Lange sollte es noch dauern, sehr lange, aber wir konnten über diese Brücke gehen, vorwärts und rückwärts und heute, bald zwanzig Jahre nach unserem Karfreitag, blicken wir mit Wehmut, aber auch mit großer Dankbarkeit und einem Schmunzeln auf diese Geste vom Ostermorgen zurück.

Auferstehung

Manchmal stehen wir auf
Stehen wir zur Auferstehung auf
Mitten am Tage
Mit unserem lebendigen Haar
Mit unserer atmenden Haut.

Nur das Gewohnte ist um uns.
Keine Fata Morgana von Palmen
Mit weidenden Löwen
Und sanften Wölfen.

Die Weckuhren hören nicht auf zu ticken
Ihre Leuchtzeiger löschen nicht aus.

Und dennoch leicht
Und dennoch unverwundbar
Geordnet in geheimnisvolle Ordnung
Vorweggenommen in ein Haus voll Licht.

Marie Luise Kaschnitz

Gesten der Hoffnung

Es sind nicht unbedingt Worte, die heilen. Eher nicht.

Hingehende Präsenz, und immer wieder: Da-Sein, Aushalten, Mitgehen! Keine Erwartung, irgendetwas bewirken zu müssen oder zu können. Durch die jahrelange Akutbegleitung Trauernder weiß ich, dass sich die ersten positiven Erfahrungen nach einem traumatischen Erlebnis tief in das Herz eingraben, leider auch die negativen. Sie sind Ausgangspunkt für die weitere Ent-wicklung. Für das Sich-öffnen-Können oder für das Sich-Verschließen.

Nie werde ich vergessen, wie eine trauernde Mutter mir erzählte, wie gut es ihr getan hatte, dass ein Nachbar einfach ihren Rasen gemäht hatte, als sie einmal nicht zu Hause war. So etwas Einfaches und doch so Wirkungsvolles – eine Geste der Zuwendung. Sie hatte sich so gefreut, obwohl sie sich doch gar nicht freuen konnte oder durfte, wie sie vielleicht meinte.

Einem Elternpaar konnte ich nach dem Suizid ihrer Tochter helfen, Schadensersatzansprüche abzuwehren, die ihnen völlig unvermittelt von der Deutschen Bundesbahn ins Haus geschickt wurden. Nach über zehn Jahren denken sie immer noch daran und schicken mir jedes Jahr zu meinem Geburtstag einen lieben Gruß mit einer Überraschung. Das Da-Sein und mein Einsatz haben in ihren Herzen festes Quartier bezogen. Inzwischen geht es ihnen richtig gut, sie haben wieder Freude am Leben, sie haben sich von dort aus nach dem schweren Verlust auf den Weg gemacht, haben sich intensiv ihrer Trauer gewidmet, um nun wieder intensiv leben zu können.

Manchmal ist das Unerwartete zu tun etwas, das für die Betroffenen ein Stück Hoffnung bedeuten kann. Der Brief am Grab, die Rose in der Lieblingsfarbe der verstorbenen Frau vor der Tür – kleine Gesten mit einer großen Wirkung. Jeden Morgen eine kleine SMS oder ein schönes Naturbild aufs Handy geschickt, kann den Trauernden, die gerade jemanden verloren haben, zeigen, dass man an sie denkt, und ihnen vermitteln, dass sie, auch wenn sie sich manchmal so fühlen, von Gott und den Menschen nicht verlassen sind.

Letztes Jahr, ein paar Tage vor Weihnachten, hatte ich die Idee, dass wir uns am Heiligen Abend mit Freunden am Grab von unserem Benni treffen könnten. Das Grab ihrer Tochter, die sie vor einigen Jahren durch eine schwere Krankheit verloren hatten, liegt schräg gegenüber von unserem. Wir könnten das Weihnachtsfest dort gemeinsam beginnen, mit denen, die wir so schmerzlich vermissen, und mit jenen, denen wir uns so eng verbunden fühlen. Ich machte den Vorschlag, dort gemeinsam Glühwein zu trinken und Plätzchen zu essen. Mein Mann meinte: »Ist das nicht etwas makaber?« Ich schlug vor: »Lass sie uns doch fragen, was sie davon halten.« Sie fanden es eine gute Idee, obgleich ein bisschen ungewohnt, und so begannen wir dort gemeinsam das Weihnachtsfest, dachten an unsere verstorbenen Kinder, waren bei ihnen und sprachen über sie. Gerade für Eltern, die erst relativ kurz betroffen sind, ist Weihnachten schwer zu ertragen und da kann so etwas ein guter Anfang sein. Aber auch für uns, die wir schon lange mit dem Verlust leben, war es etwas Besonderes, und es ging uns gut dabei. Es ist besonders dieses Fest, das für Trauernde so angstbesetzt ist. Weihnachten eine Struktur zu geben, die anders ist als vor dem Trauerfall, ist notwendig, damit uns die Trauer nicht überwältigt. Manche machen Reisen oder besuchen Freunde und Verwandte in anderen Gegenden. Alles, von dem die Hinterbliebenen meinen, dass es für sie richtig sei, ist gut. Die »Restfamilie« sollte jedoch gemeinsam überlegen und entscheiden, wie sie mit dieser schwierigen Zeit am besten umgehen können. Als Trauerbegleiter dürfen wir unterstützen und vielleicht Ideen vermitteln, wie diese Zeit gestaltet werden kann, letztlich muss der Trauernde aber selbst entscheiden. Und das soziale Umfeld? Es tut gut daran, nicht zu bewerten!

»Hilfe – ich lebe ja noch!«

Wenn ich an die ersten Monate nach dem Tod unseres Sohnes zurückdenke, so wird mir klar, dass ich zwar äußerlich funktioniert habe, meine täglichen Aufgaben in Familie, Haushalt und Schule – ich unterrichtete damals an einer Fachoberschule Rechtslehre – so gut es eben ging erfüllt habe, aber emotional, neben dem großen, alles besetzenden Seelenschmerz, nicht erreichbar war. Es war eher ein Dahinvegetieren, als ein Leben, ein wirkliches Leben.

Das erste Mal, dass ich spüren konnte, noch Teil des Ganzen und nicht nur isoliert in meinem Schmerzkokon verschlossen zu sein, war, als ich Besuch von einer langjährigen Freundin bekam, die mir von sich und ihren Problemen erzählte, ohne zu erwarten, dass ich ihr irgendwie behilflich hätte sein können. Als Lehrerin mit drei Kindern, zwei großen und einer kleinen Tochter, war sie am Ende des Schuljahres absolut erholungsreif. Es gab jedoch aus verschiedenen Gründen keine Möglichkeit für sie, in den Sommerferien zu verreisen. Wir saßen im Garten, tranken Tee und sie erzählte. Ich erinnere mich noch gut daran, dass ich das erste Mal seit Monaten – wie durch einen Windhauch herangetragen – eine kleine Flamme in mir wahrnehmen konnte, die es mir ermöglichte, aus meinem persönlichen Gefangensein in der Trauer einen kleinen Schritt herauszugehen. Ich konnte meine Kraftquellen spüren. Da gab es tatsächlich noch den Wunsch, etwas bewirken und gestalten zu können. »Es muss doch eine Möglichkeit geben, damit meine Freundin den verdienten Urlaub bekommen kann«, so mein Gedanke. Und tatsächlich fiel mir eine Möglichkeit ein, die ich auch gleich in die Realität umzusetzen versuchte. Und es gelang mir. Sie konnte mit ihrer kleinen Tochter einen schönen Urlaub an der Ostsee verbringen, ohne dass es für sie mit einem Aufwand verbunden war.

Nach nunmehr fast zwanzig Jahren erinnere ich mich an diese Erfahrung als ein primäres Schlüsselerlebnis, das mich »auf die Spur« brachte, auf die Spur, wieder am Leben teilzunehmen. Es war die Initialzündung: »Ja, es gibt ein Leben nach dem Tod, du musst dich nur auf den Weg machen.«

Später dann beschäftigte ich mich mit der Logotherapie von Viktor E. Frankl. In seinen Werken fand ich das bestätigt, was ich ganz zaghaft in mir gespürt hatte: Das Leben hat Aufgabencharakter. »Schau, was ist jetzt die Aufgabe in deinem Leben, es ist eine andere als vorher. Aber es gibt sie, auch für dich, wichtig ist, dass du dich auf den Weg machst und nicht stehen bleibst.« Wohin mich dieser Weg führen sollte, davon hatte ich zu diesem Zeitpunkt noch keine Vorstellung. »Aber wenn du dich auf den Weg machst, wird das Leben dich führen und dir die für dich passende Aufgabe zuweisen«, so Frankl.

Der Sinn, eine glückliche, große, heile Familie zu haben und sie zu behüten, war mir genommen worden. Aber in all den Jahren ist mir auf dem Weg so viel an Gestaltungsmöglichkeiten geschenkt worden, neben meiner wachsenden und lebendigen Familie, dass ich einen neuen Sinn im Leben gefunden habe. So kann ich heute voller Überzeugung wieder sagen: »Es ist ein gutes, ein erfülltes Leben, ein Leben, das für mich sinnvoll und schön ist.«

»Take it easy!«

Tehk it ih-sie, sagen sie dir.
Noch dazu auf englisch.
»Nimm's auf die leichte Schulter!«
Doch, du hast zwei.
Nimm's auf die leichte.
Ich folgte diesem populären
Humanitären Imperativ.
Und wurde schief.
Weil es die andre Schulter
Auch noch gibt.
Man muß sich also leider doch bequemen,
Es manchmal auf die schwere zu nehmen.

Mascha Kaléko

Trauma und Wachstum

Der Tod eines uns lieben, nahen Angehörigen wird uns meist unserer seelischen und körperlichen Kräfte berauben. Und dies in einem Ausmaß, wie wir es uns bislang nicht vorstellen konnten. Manchmal reicht die Kraft nicht einmal mehr, um morgens aus dem Bett zu kommen. Auch mögen Trauernde zunächst nichts essen, oft nehmen sie zunächst stark ab. Insoweit ähnelt die Trauer den Symptomen einer Depression. Aber sie ist keine. Die Trauer birgt in sich bereits den Keim der Heilung, weil sie ein sehr lebendiger, der Veränderung unterworfener seelischer Prozess ist. Dies genau ist der Unterschied zur Depression. Gut begleitet, führt sie so, wie es bei Rilke heißt, »zu einem zweiten zeitlos weiten Leben«.

Viele trauernde Menschen habe ich in den nunmehr fast zwanzig Jahren kennengelernt, erlebt und begleitet. Wenige sind daran zerbrochen, viele jedoch haben nach dem so schmerzlichen Verlust und der Auseinandersetzung damit an seelischer Stärke gewonnen. Der Psychologe und Traumatherapeut Richard Tedeschi spricht in diesem Zusammenhang von »posttraumatischem Wachstum«. Er geht davon aus, dass bei 30 bis 90 Prozent der Menschen, die ein traumatisches Erlebnis hatten, ein Aspekt von Wachstum erkennbar ist. Natürlich spielen ganz viele individuelle Umstände dabei eine Rolle. Wie war die Unterstützung in der Trauer? Wie lange liegt der Tod zurück? Welche Ressourcen waren vorhanden? Ist jeder schwere Verlust gleich ein Trauma? Wohl eher nein, denn ein Trauma, so Tedeschi, liegt dann vor, wenn ich in meinen Grundfesten erschüttert bin. Wir können davon ausgehen, dass alle, die ein Kind verloren haben, und alle, die einen nahen Angehörigen verloren haben, der an Suizid gestorben ist, traumatisiert sind.

Alle, die sich auf den steinigen Weg der Trauer gemacht haben und ihn tapfer über eine lange Zeitspanne gegangen sind, haben einen anderen Blick auf das Leben bekommen. Sie haben gelernt, sich auf das Wesentliche zu konzentrieren. Das scheint ein Paradoxon zu sein, auf der einen Seite verletzlicher zu werden, auf der anderen Seite stärker. Ich denke dabei an eine junge Mutter, die ihr achtjähriges einziges Kind bei einem Verkehrsunfall verloren hat und deren Ehe durch die ganz andere Art ihres Mannes, mit dem Tod des Kindes umzugehen, zerbrochen ist. Sie hat den Mut gefunden, sich neben ihrem Beruf einer neuen für sie sinnvollen Aufgabe zuzuwenden, indem sie eine Ausbildung zur Hospizbegleiterin in einem Kinderhospiz begonnen hat. Eine Anzeige mit der Ausschreibung für den Hospizkurs in einer kleinen lokalen Zeitung hatte sie förmlich »angesprungen«, sie wusste, »genau das ist meins«. Auch wenn die Tränen bei dem einen oder anderen Ausbildungsabschnitt fließen, so weiß sie dennoch, dass dies der richtige Weg für sie ist. Und die anderen Kursteilnehmer/innen können die Gefühlsschwankungen gut aushalten. Auch wenn sie nach der abgeschlossenen Ausbildung vielleicht zunächst nur in der Küche mithilft und Gurken schneidet, wie sie meint, weiß sie dennoch, dass dies der richtige Weg für sie ist.

Oder Sabine, die durch ein örtliches Anzeigenblättchen von der halbjährigen Ausbildung zur ehrenamtlichen Krankenhausseelsorgerin aufmerksam gemacht wurde und seit dieser Zeit dieser Tätigkeit mit großer Freude nachgeht, ohne dass sie sich überfordert fühlt.

Der fünfzigjährige Vater, der nach dem Tod seines Kindes beschließt, weniger zu arbeiten, endlich seine langjährige Lebensbegleiterin zu heiraten und sein Leben mit neuem Inhalt zu füllen.

Wir müssen uns vor Augen führen, dass wir als Trauernde keine Störung haben, wie so viele Menschen meinen, sondern dass der Verlust die Störung ist. Wir sind durch das Erlebnis des Verlustes verwundet worden.

Wenn wir die Realität des Todes angenommen haben, was ungeheuer schwer ist, und uns dann Gedanken machen, welchen Sinn unser Leben jetzt noch hat, dann erkennen wir, dass das Leben von uns jetzt etwas anderes erwartet als vor dem traumatischen Ereignis. Dies verlangt eine intensive Auseinandersetzung mit der eigenen Verletzlichkeit, den Auswirkungen des Verlustes und ein Nachdenken über die uns noch gegebenen Möglichkeiten, etwas gestalten zu können. Und dass dies möglich ist, ist sehr gut beispielhaft in Trauergruppen zu erleben, in denen die »Frischbetroffenen« am Beispiel »Längerbetroffener« lernen können. Erwachsene lernen am besten von anderen mit entsprechenden Erfahrungen. Sie erfahren vom Mut, Ballast abzuwerfen, sich von Äußerlichkeiten zu lösen, nicht tragende Beziehungen zu beenden und auch einmal das Unerwartete zu tun. Vor allem lernen sie, Mut zu entwickeln. Wenn das gelingt, können Sie richtig stolz auf sich sein. Wie dies einer Trauernden gelungen ist, die sich allein auf den Weg machte, um die Alpen zu überqueren, obwohl sie so etwas vorher noch nie gemacht hatte. Mit wenig Gepäck im Rucksack.

Mir ist es wichtig, immer wieder zu verdeutlichen, dass der plötzliche Tod meines Sohnes das große Trauma meines Lebens ist und bleibt. Viele meinen ja, jetzt sei alles gut. Das ist es aber nicht. Es ist nicht weniger oder kleiner geworden, nein! Es ist richtig schwer. Daneben aber hat sich viel Gutes, Schönes und Sinnvolles entwickelt, was ich zu schätzen und zu lieben weiß. Nie wäre ich so vielen wertvollen Menschen begegnet, hätte so viel lernen können von ihnen, von mir, die ich Neues bei mir entdecken konnte, und vom Leben. Der Lebensraum hat sich geweitet und gefüllt mit Menschen, Ideen, Perspektiven. Vor allem aber hat sich das Leben vertieft. Die Erfahrung, dass immer öfter weniger mehr ist. Qualität vor Quantität, in jeder Beziehung!

Was hat Laufen mit Gedichten zu tun?

Nach und nach wuchs bei mir die Überzeugung, mich körperlich langsam wieder fit machen zu müssen. Da wir in der Nähe eines Parks wohnen, lag es nahe, mit dem Joggen zu beginnen. Frische Luft und Bewegung, die Erfahrung hatte ich schon gemacht, halfen mir, etwas Sauerstoff in meinen Kopf zu bekommen und damit ansatzweise die Idee, dass es auch für mich trotz der allumfassenden Kraftlosigkeit die Möglichkeit einer neuen Weite gab. Spazierengehen in der sich verändernden Natur war schön, aber ich wollte mich ein bisschen fordern. Da ich so schlapp und müde war, so ganz ohne Kondition, musste ich sehr langsam beginnen. Ich bekam von einer Freundin ein Buch geschenkt: *Lauf los! … aber richtig – Schritt für Schritt zur idealen Lauftechnik.* Dieses Buch half mir, einen vernünftigen Einstieg in das Laufen zu finden, der mich nicht überforderte. Nach etwa vier Wochen war ich so weit, dass ich eine halbe Stunde joggen konnte. Nicht schnell, aber immerhin, es war möglich.

Besondere Freude machte mir das Laufen jedoch nicht, und um mich von der körperlichen Anstrengung abzulenken, fing ich beim Joggen an zu zählen: eins, zwei, drei, vier … durchaus bis tausend, vielleicht auch länger? Irgendwann fiel mir auf, wie blöd es eigentlich war, zu zählen, um mich von der körperlichen Mühe abzulenken. Irgendwann unterwegs wurde mir klar: »Du musst nicht nur deinen Körper wieder fit machen, auch dein Geist hat durch die Trauer gelitten.« So viel Energie bindet diese anstrengende Seelenarbeit, dass ich tatsächlich vieles vergessen hatte in der Zeit nach Bennis Tod. So ist mir zum Beispiel während des Unterrichts in einer 12. Klasse, als ich gerade im Strafrecht das Thema »Schuld« und die Möglichkeit ihrer Überprüfung erklärte, mitten im Satz, den ich angefangen hatte, nicht mehr eingefallen, was ich sagen wollte. Der Anfang des Satzes war weg und die Fortsetzung infolgedessen auch. Wie soll das bloß weitergehen, dachte ich, wie kann ich weiter einen vernünftigen Unterricht halten?

So kam ich auf die Idee, beim Laufen Gedichte auswendig zu lernen. Es gab so viele, mich ansprechende Gedichte, ich wollte sie lernen. Und so fing ich an, Gedichte von Rilke, Hesse oder Hölderlin eines nach dem anderen zu lernen und mir während des Laufens aufzusagen. Nach und nach empfand ich immer mehr Freude an diesen Texten, die mir inhaltlich wirklich etwas gaben. Je mehr und öfter ich sie vor mich hin sprechen konnte, umso mehr konnte ich sie verinnerlichen. Ihre heilenden Botschaften, ihre schöne Sprache – manche sind für mich »wie Sahne für die Seele«. Ein weiterer für mich wertvoller Aspekt wurde bald deutlich. Ich konnte bei passenden Gelegenheiten andere mit diesen Texten erfreuen, ohne sie erst in einem Buch nachschlagen zu müssen.

So wurden diese Gedichte nach und nach zu einem immer größer werdenden Schatz für mich. Mir fiel ein, dass Menschen im Krieg und in Gefangenschaft, die nichts zu lesen hatten und denen es körperlich und seelisch sehr schlecht ging, seelisch und geistig überlebt hatten, indem sie immer wieder die von ihnen auswendig gelernten Kirchenlieder für sich aufsagten. Mir wurde klar, dass wir nur das als inneren Schatz mitnehmen können, wenn wir von dieser Welt gehen, was wir in uns als seelisch-geistigen Vorrat angelegt haben. Und ich durfte schon in nicht allzu ferner Zukunft erfahren, dass auch mir dieser Schatz hilfreich sein sollte. Ich musste mich immer wieder krankheitsbedingt einer MRT-Untersuchung unterziehen, und manchmal dauerte eine solche Untersuchung bis zu fünfundvierzig Minuten. Diese Zeit konnte ich mit geschlossenen Augen verhältnismäßig gut ohne Platzangst und Panik überstehen, weil ich alle Gedichte, die ich gelernt hatte, leise vor mich hin aufsagen konnte, die Augen dabei schloss und damit die Zeit trotz des ohrenbetäubenden Krachs in der Röhre gut überstand.

Manche Gedichte empfand ich als äußerst schwierig zu lernen. Ich dachte daran, darauf zu verzichten: »Ach komm, lass es, es ist einfach zu schwer, um es auswendig lernen zu können.« Dann kam die Motivation wieder und ich dachte mir: »Es wäre ja gelacht, wenn du das nicht schaffst.« Sicher, das Lernen dauerte länger als früher, aber wenn ich es dann doch nach immer wieder Aufsagen und Üben eines Tages konnte, war ich richtig stolz und glücklich. Ein Gedicht, das mir schwerfiel zu lernen, war folgendes:

Lebenslauf

Größeres wolltest auch du. aber die Liebe zwingt
All uns nieder, das Leid beuget gewaltiger,
Doch es kehret umsonst nicht
Unser Bogen, woher er kommt.

Aufwärts oder hinab! Herrschet in heilger Nacht,
Wo die stumme Natur werdende Tage sinnt,
Herrscht im schiefesten Orkus
Nicht ein Grades, ein Recht noch auch?

Dies erfuhr ich. Denn nie, sterblichen Meistern gleich,
Habt ihr Himmlischen, ihr Alleserhaltenden,
Daß ich wüsste, mit Vorsicht
Mich des ebenen Pfads geführt.

Alles prüfe der Mensch, sagen die Himmlischen,
Daß er, kräftig genährt, danken für Alles lern,
Und verstehe die Freiheit,
Aufzubrechen, wohin er will.

Friedrich Hölderlin

Fitness für Körper und Geist

Manche schaffen sich einen Hund an, wenn sie einen schweren Trauerfall erlitten haben. Das kann helfen. Sich um das Tier kümmern zu müssen, dass es zu essen und Bewegung bekommt, hilft den Tag zu strukturieren. Und mit dem Hund in Kontakt zu treten, mit ihm zu sprechen und ihn zu streicheln, sich an seiner Lebendigkeit zu erfreuen, das kann den Menschen ermöglichen, wieder einen Schritt ins Leben zu machen. Auch die Angst, von den Nachbarn gesehen und, noch schlimmer, angesprochen zu werden, muss dabei überwunden werden. Daneben kann durch ein Tier das vielleicht plötzliche Alleinsein, das Gefühl, verlassen worden zu sein, abgemildert werden. Sicher, es ist anstrengend, einen jungen Hund zu erziehen. Es erfordert enorme Disziplin. Aber wenn es gelingt, ist es etwas, auf das man stolz sein kann. Stolz, etwas geschafft zu haben, dies ist ein Gefühl, das Trauernden ganz abhandengekommen ist. Nicht jeder hat diese Möglichkeit, sich einen Hund anzuschaffen, aber das Entscheidende, um die Lebensgeister wieder zu wecken, ist die Bewegung an der frischen Luft. Und dies sollte möglichst gerade am Anfang nicht alleine stattfinden und da kann ein Hund ein wirklich prima Kamerad sein.

Eine Freundin, sie war Lehrerin, konnte nach dem Tod ihres Sohnes nicht mehr unterrichten. Es ging einfach nicht. Da hörte sie im Radio, dass für Ausflüge mit Blinden Ehrenamtliche gesucht würden, die die Blinden bei Wanderungen in der Natur und im Winter sogar beim Langlaufen begleiteten. Sie wusste sofort, dass dies für sie das Richtige ist. Auf der einen Seite kam sie im schönen bayerischen Oberland selbst an die Luft und in Bewegung, auf der anderen Seite konnte sie Menschen mit Behinderung unterstützen, und das gab ihrem Leben wieder Sinn. Sie kam ins Gespräch mit den Behinderten und konnte von ihnen viel lernen, was Vertrauen und Lebensfreude ausmacht.

Für jemanden, der Schwimmen mag, wird es diese Art von Bewegung sein, die Erleichterung bringt. Schwimmen vermittelt Frische und die Erfahrung von Getragensein. Das Wasser als Bild für das Leben trägt mich. Es ist der Sport, bei dem durch eigenes Tun eine Frische erfahrbar wird, die ein Stück Lebensfreude, auch wenn wir das zunächst gar nicht so sehen möchten, bedeuten kann.

Meine sogenannte kleine Schwester, ebenfalls verwaiste Mutter, liebt das Radeln. Sie ist dabei ganz in ihrer Kraft und radelt mir davon mit einer Energie und Ausdauer, dass ich nur noch mit meinem E-Bike hinterherkomme. Das Gefühl, etwas geschafft zu haben, den Körper fit zu halten, ist eine große Hilfe, um mit der Trauer leben zu lernen. Und ein gesunder Appetit stellt sich dann auch ein.

Auch Singen ist etwas, das Körper und Seele heilen lässt. Viele unserer trauernden Mütter singen in Chören. Sich als Teil des Ganzen zu fühlen, sich dazugehörig zu fühlen, tut unglaublich gut, fühlen wir uns doch durch den schweren Verlust aus dem Leben herauskatapultiert als trügen wir ein Kainsmal. Wer dann noch in einem Kirchenchor singt, erlebt durch Gottesdienstbegleitung und Konzerte beispielsweise in der Weihnachts- oder Osterzeit, dass diese schwierigen Festtage mit einer gewissen Struktur gut zu überstehen sind. Und wer meint, nicht gut singen zu können, oder wer zum ersten Mal singt, für den ist spirituelles Singen oder das Singen in Singgruppen für Laien gut geeignet, um die Stimme zum Klingen zu bringen, mit dem Atem gut umzugehen und damit Herz, Lunge und Seele zu weiten.

Geistig und körperlich in Bewegung zu sein, beziehungsweise zu kommen, ist eine Voraussetzung, um wieder in ein erfülltes Leben zu finden. Lesen, Schreiben, Malen, Musizieren, jeder wird seine Möglichkeiten finden, um wieder Licht am Horizont zu entdecken. Das Entscheidende ist, den Kopf frei zu bekommen, sich auch einmal eine »trauerfreie Zeit« zu nehmen und zu gönnen.

Manchmal hilft es, zurückzublicken und zu überlegen, was mich vor dem tragischen Ereignis interessiert und mir Freude gemacht hat. Vielleicht kann es reaktiviert werden. Manchmal ist es aber auch etwas ganz Neues, das sich Trauernden an Möglichkeiten auftut. Dem Gehenden schiebt sich der Weg unter die Füße: Hören, Sehen, Spüren – geh, wohin dein Herz dich trägt.

Feste feiern – aber anders

Damals, 1998, dachten wir, wir würden nie wieder schöne Feste feiern können. Im Juni 1998 wäre mein Mann fünfzig Jahre alt geworden und wir hatten lange Zeit davor schon alles geplant, einen schönen Raum gebucht, eine tolle Band engagiert. Dann kam Bennis Tod und uns war klar, dass wir umgehend das Fest absagen wollten, was wir dann auch taten.

Durch einen Mitarbeiter meines Mannes kamen wir, es war wohl im Mai desselben Jahres, in die Erzabtei St. Ottilien in der Nähe von München, wo er in einem Bläserensembel Trompete spielte. Zu dieser Zeit ging ich kaum aus dem Haus, wenn nicht unbedingt notwendig. Er lud uns zu einem Konzert dort ein. Ein Kloster und hier in der Nähe von uns, ein Konzert in einem kirchlichen Raum, ja, das konnte ich mir vorstellen. Es war ein sehr berührendes, eindrückliches Konzert, das meine verwundete Seele liebevoll einhüllte. Anschließend wurden die Gäste in den Klosterhof eingeladen zu einem kleinen Umtrunk und Imbiss. Nie werde ich es vergessen. Damals gab es noch die großen Kastanien im Klosterhof.

Rechts und links von der Treppe, die vom Exerzitienhaus dorthin führte, standen die Benediktinermönche. Auf der einen Seite gab es Wasser und Wein, auf der anderen Seite schenkten sie Bier aus. Platten mit einfachen kleinen Käse- und Wurstbroten wurden den Gästen angeboten. Es beeindruckte mich, mit welcher Freundlichkeit und Natürlichkeit sie ihre Gastfreundschaft ausübten. Die Schlichtheit und der Stil, ja, der Geist, der dort herrschte und der für mich spürbar war, wärmte meine Seele. Auf dem Nachhauseweg sagte ich zu meinem Mann: »Sollten wir jemals einmal wieder ein Fest feiern wollen, so möchte ich es nur in St. Ottilien machen, reduziert in der Gestaltung und im Aufwand und von diesem guten Geist dort getragen.« Wir lernten Pater Claudius kennen, der sofort unsere Herzen eroberte durch seine hinspürende, hörende und mitfühlende Zuwendung. Zu mehreren Gesprächen waren wir bei ihm, und so entwickelten wir gemeinsam die Idee, unsere silberne Hochzeit ein gutes Jahr später im Kreise von Familie und Freunden dort im Kloster zu feiern. Die Vorbereitung für dieses Fest ermöglichte es uns, wenigstens ein kleines Stückchen weiter nach vorn zu schauen und für die Zukunft zu planen, obwohl wir doch noch seelisch total am Boden zerstört waren. Aber diese Planung aktivierte positive Kräfte in uns. Im September des darauffolgenden Jahres feierten wir dort in einem großen Kreis. Es sollte ein besonderes Fest werden, nicht fröhlich und lustig, das ging sowieso nicht, sondern mit Tiefgang und Inhalten, die uns bewegten und beschäftigten. So begleitete uns der Trompeter, durch den wir nach St. Ottilien gekommen waren, mit Freunden musikalisch durch das ganze Wochenende, wir hatten einen wunderschönen Gottesdienst in der Klosterkirche und am nächsten Tag einen Vortrag von Abtprimas Notker Wolf über »Lebensmitte als geistliche Aufgabe«. Ein kleines Büchlein von Anselm Grün, das mich sehr angesprochen hatte, legten wir jedem Gast auf das Zimmer, damit sich alle mit diesem Thema etwas mehr beschäftigen konnten. Freunde hatten sich besondere Aktivitäten ausgedacht: Es gab einen geistlichen Clown und einen Vortrag über ein Musikstück von Mozart, etwas, das unserer seelischen Verfassung entsprach. Jeder in der Familie hatte sich eine besondere Rede ausgedacht. So wurde dieses Fest etwas ganz Außergewöhnliches und hallte lange in den Herzen unserer Freunde nach. Und auch die Benediktinermönche, die wir eingeladen hatten mitzufeiern, hatten viel Freude und haben oft gelacht über so manche Aufführung, mit der wir überrascht wurden.

Dieses Fest war die Initialzündung für uns, dass trotz Bennis Tod Feste möglich sind, wenn er, sein Leben und sein Tod dabei ihren Platz bekommen.

Und die Feste würden anders werden als vor seinem Tod. So hatten wir beim nächsten runden Geburtstag meines Mannes am Rande des Saals einen Stehtisch aufgestellt, auf dem eine Kerze brannte und die Bilder der verstorbenen Kinder, deren Eltern dabei waren, aufgestellt. Immer wieder ging einmal ein Gast an diesem besonderen Tisch vorbei und schaute sich die Kinder an. Bei einem meiner Geburtstage legte ich jedem Gast ein Gedicht auf seinen Teller, das mich eine Zeit lang begleitet hatte, und jeder Tisch hatte dazu noch sein eigenes Gedicht. Später tauschten die Gäste die Gedichte untereinander aus, sodass jeder mit einer kleinen Sammlung nach Hause gehen konnte. Bei einem anderen Geburtstag legte ich jedem Gast eine kleine Geschichte auf seinen Platz, die ich als geistreich, humorvoll oder diskussionswürdig empfand, sodass die Gäste darüber, selbst wenn sie sich zunächst fremd waren, gleich gut ins Gespräch kamen. Und bei meinem letzten halbrunden Geburtstag hatte ich den Mut, meinen Gästen einen kleinen Imagefilm von unserer Arbeit bei den *Verwaisten Eltern* zuzumuten. Die Reaktionen waren unterschiedlich. Die meisten fanden es stimmig und gut, weil es zu mir passte. Aber sicher gab es auch andere, die meinten, das sei ja nun ein bisschen viel und irgendwann müsse mit dem Thema doch Schluss sein. Ist es aber nicht. Es gehört dazu, es macht mein

Leben aus, was nicht heißt, dass ich nicht auch lachen, mich freuen und wieder fröhlich sein kann.

Wer zu uns kommt, muss mit Überraschungen rechnen, entweder er mag es oder er hat die Freiheit abzusagen. Bisher haben wir nicht so viele Absagen erhalten.

Du musst das Leben nicht verstehen

Du mußt das Leben nicht verstehen
dann wird es werden wie ein Fest.
Und lass dir jeden Tag geschehen
So wie ein Kind im Weitergehen
Von jedem Wehen
Sich viele Blüten schenken lässt.

Sie aufzusammeln und zu sparen,
das kommt dem Kind nicht in den Sinn.
Es löst sie leise aus den Haaren,
drin sie so gern gefangen waren,
und hält den lieben jungen Jahren
nach neuen seine Hände hin.

Rainer Maria Rilke

Was wohl die Verstorbenen zu Festen sagen würden?

Wenn wir die Verstorbenen fragen könnten, ob sie etwas dagegen hätten, dass wir Feste feiern, bin ich mir ganz sicher, dass sie nicht nur nichts dagegen hätten, sondern es sogar begrüßen würden. Ich kann mir nicht vorstellen, dass, wenn wir Hinterbliebene bis an das Ende unseres Lebens nur noch traurig und freudlos sind, dies die Seelen unserer Verstorbenen zum Schwingen bringt. Im Gegenteil: Ich glaube, dass sie erleichtert wären, wenn sie wüssten, dass wir uns wieder dem Leben zuwenden, Entwicklungsschritte machen, mit denen wir eines Tages wieder Freude zulassen können – und dazu gehören auch Feste. Inzwischen haben wir sechs Enkel bzw. Enkelinnen, alle wurden getauft. Jedes Tauffest war etwas ganz Eigenes und unsere Kinder machten sich große Mühe, dem neuen Familienmitglied ein mit viel Liebe und Umsicht gestaltetes Willkommensfest zu bereiten. Es war selbstverständlich, dass die Verstorbenen mit Namen in einer Fürbitte erwähnt wurden und so Anteil an der Feier hatten, für jeden hörbar und sichtbar. Auch wenn dem einen oder anderen von uns dabei die Tränen in den Augen standen, so fühlte es sich doch besser an, als wenn sie unerwähnt und damit nicht »sichtbar« gewesen wären. Gleiches gilt für Geburtstage und Hochzeiten. Denn gerade dann vermissen wir unsere Verstorbenen ganz besonders; wenn sonst alle beieinander sind, da wird die Lücke ganz scharf spürbar. Wenn die Verstorbenen ihren Platz und ihre Würdigung bekommen, dann können wir uns danach auch ganz entspannt an dem, was jetzt ist, freuen, lachen und dankbar sein für all das Gute, das uns trotz des großen Verlustes und des großen Schmerzes geschenkt worden ist.

Wichtig ist, dass wir uns nicht überfordern, sondern sehr achtsam mit uns selbst umgehen, wahrnehmen, was für uns stimmig ist und was unserer momentanen inneren Verfassung entspricht. Sicher wird sich dies über die Jahre verändern. Ganz normal ist es, dass wir zunächst nach dem Todesfall Veranstaltungen mit vielen Menschen meiden. Das überfordert uns. Aber nach und nach bei Einladungen die Gastgeber um Verständnis zu bitten, dass wir es gern offenlassen würden, ob wir uns in der Lage sehen, die Einladung anzunehmen und zu einem Fest zu gehen, kann uns helfen, langsam wieder den Mut zu fassen, uns unter andere Menschen zu begeben. Wenn wir Rücksicht auf uns selbst nehmen, dass wir vielleicht gerade an diesem Abend Ruhe benötigen, und die Gastgeber sind informiert, dann können wir es schaffen. Und einfühlsame Gastgeber werden auch darauf achten, dass frisch betroffene Trauernde (und frisch betroffen sind wir lange!) einen guten Platz bekommen.

So erinnere ich mich, dass verwaiste Elternfreunde vor knapp zehn Jahren beim 60. Geburtstag meines Mannes sagten, dass sie auf gar keinen Fall tanzen könnten, was ich auch gut nachvollziehen konnte. Acht Jahre später bei einem ihrer runden Geburtstage konnten sie sich wieder ganz entspannt tanzend bewegen. Und mit so viel Freude und Energie ein wunderbares Fest gestalten. Für mich ist es ermutigend, dass sich die Trauer wahrhaftig verändern kann zum Leben hin und wir uns mit ihr. Wir dürfen vertrauen, dass der Weg ins Leben führt – auch mit frohen Festen.

Schön ist es, wenn die Hinterbliebenen eine Form finden, den Verstorbenen beim Fest einen Platz einzuräumen, wie auch immer er aussehen mag. Sichtbar oder unsichtbar, für die Betroffenen wird er spürbar sein. Dann geht es ihnen in der Regel besser.

Ich glaube, dass Trauernde ganz besonders intensiv fühlen können. Der große Schmerz hat die Seele vertieft, sodass auch eines Tages wieder die Freude intensiv empfunden werden kann. Diese Vertiefung ist anstrengend, aber auch erfüllend und damit sehr lebendig.

Konfessionslos?

Aus Kiel stammend mit einer protestantisch geprägten Familie, gab es einige evangelische Pfarrer in unserer Familie und für mich als Kind gab es im Grunde nur evangelische Christen. Ich glaube kaum, dass meine Eltern in ihrem Freundeskreis Katholiken hatten. Ich erinnere mich daran, dass wir in der ersten Klasse auf dem Gymnasium eine Mitschülerin aus Süddeutschland bekamen, die Katholikin war. Ich war erstaunt, dass sie genauso aussah wie wir und auch sonst in ihrem Verhalten nicht irgendwie komisch war – was ich von Katholiken wohl erwartet hatte. Heute frage ich mich, wie das möglich sein konnte, dass ich so einseitig geprägt war. Hatte ich so wenig aufgepasst im Unterricht und einfach nichts mitbekommen? Oder war es tatsächlich so, dass wir Kinder alle davon ausgingen, dass die Menschen selbstverständlich evangelisch seien? Auch Nichtchristen begegneten uns nicht. Eine unserer Mitschülerinnen hatte »keinen« Vater; das war für uns genauso fremd und erstaunlich wie das Katholischsein, und wir wunderten uns, dass auch sie ganz »normal« war. Es war etwas, das es eigentlich nicht gab. Meine Patentante, von der ich meinen Namen habe und die in Hamburg lebte, also großstadterfahren war, meinte einmal, wir Mädchen seien wie unter einer »Käseglocke« groß geworden. Sie hatte recht. Alles, was in unseren Augen nicht der »Norm« entsprach, gab es für uns nicht. Und wenn ich etwas erfuhr, was es nicht geben durfte, behielt ich es für mich, um meine Eltern nicht zu beunruhigen oder gar zu schockieren.

Das Leben erweiterte sich, als ich nach dem Abitur nach Hamburg ging und den elterlichen Kokon nach und nach zumindest teilweise ablegen konnte. Da unsere Erziehung aber so »streight« gewesen war, war das nicht so einfach, denn sie gab uns dadurch auch Halt. Rückblickend kann ich sagen, dass die »Enge« durchaus ihr Gutes hatte. Ich konnte so viel Neues entdecken, einschließlich der Erfahrung, mich dann eines Tages in einen katholischen Mann zu verlieben, der als Student und Raucher mit relativ langen Haaren zunächst ganz bestimmt nicht den Vorstellungen meiner Eltern entsprach. Ich war aber wild entschlossen, mich davon nicht beeindrucken zu lassen. Ich hatte meinen Willen und ich spürte meine innere Kraft, zu mir und dieser Beziehung zu stehen. Dass er katholisch war, machte meinen Eltern nichts aus, im Gegenteil, mein Vater meinte, dass er schon länger mit dem katholischen Glauben sympathisierte. Komisch, entweder es wurde zu Hause nicht darüber gesprochen oder ich hatte es ausgeblendet. Unsere Kinder erzogen wir evangelisch, weil wir davon ausgingen, dass ich als Mutter einfach mehr Zeit mit ihnen verbringen würde und ihnen den katholischen Glauben auch nicht hätte nahebringen können. Obwohl wir uns damals 1974 ökumenisch trauen ließen, hatte ich mich nicht wirklich mit dem katholischen Glauben beschäftigt. Vermutlich existierte in meinem Unterbewusstsein noch immer die Überzeugung, der evangelische Glaube sei der Glaube, der besser als der katholische geeignet ist, um Realität und Religion zusammenbringen zu können. Die katholischen Rituale waren mir fremd. Ich empfand sie als äußerlich, es gab meiner Meinung nach so viel »Brimborium«, das vom Kern des Glaubens abhielt.

Das Leben, unser großer Schicksalsschlag, der Tod unseres dritten Sohnes im Jahre 1998, sollte mich eines Besseren belehren. In der tiefsten Erschütterung meines Lebens war es der katholische Pfarrer unserer Gemeinde, der uns von den ersten Stunden an intensiv, kompetent, einfühlsam und beständig begleitete. Von evangelischer Seite her kam nichts, obwohl ich mich in der Gemeinde für und mit unseren Kindern engagiert hatte. Seit der Trauerfeier damals habe ich die evangelische Kirche in unserem Stadtteil nicht mehr besucht. Die Enttäuschung war zu groß! »Alles hat seine Zeit …« – die Zeit dort war für mich abgeschlossen. Umso mehr habe ich mich nach und nach mit dem katholischen Glauben angefreundet. Ich bin in die Rituale hineingewachsen, habe sie schätzen und lieben gelernt und die Weite und intellektuelle Dimension immer mehr für mich verinnerlichen können.

Es gab ein Schlüsselerlebnis, etwa fünf Monate nach Bennis Tod: Mein Mann und ich hatten am Sonntagmorgen einen Gottesdienst besucht. Wir wollten danach zum Friedhof. Bevor der Gottesdienst zu Ende war, wurde angesagt, dass im Anschluss eine Taufe dort stattfinden sollte. Die Gemeinde sei herzlich eingeladen, ihr beizuwohnen. Mein Mann wollte zum Friedhof, ich meinte: »Nein, ich bleibe, ich will die Taufe erleben.« So blieben wir beide. Es war ein etwa sechsjähriges kleines Mädchen, das getauft werden sollte. Der Pfarrer erklärte ihm das Kreuz. »Weißt du«, sagte er, »das Kreuz symbolisiert gelingendes Leben. Die Vertikale«, er wies auf den Balken von oben nach unten, »zeigt die Beziehung zwischen Gott und den Menschen, die Horizontale die Beziehung der Menschen untereinander. Und dort, wo die Balken sich kreuzen, dort geschieht Leben.« Was war das für eine geniale, einfache und doch so tiefsinnige Erklärung! Ich hatte immer schon gespürt, dass in wirklich tiefen Beziehungen immer etwas mitschwingt, das über uns Menschen hinaus verweist. Und hier wurde mir der Schlüssel dazu durch die Erklärung, für ein Kind gedacht, so anschaulich gegeben. Seit diesem Zeitpunkt bekreuzige ich mich.

Später dann, als unser jüngster Sohn nach dem Tod des Bruders vom evangelischen Glauben zum katholischen konvertierte und dann die letzten Schuljahre in Kloster Ettal verbrachte, geschah dort Folgendes: Sein Präfekt fragte ihn: »Was ist eigentlich deine Mutter? Katholisch oder evangelisch?« »Ach«, meinte Anselm, »meine Mutter ist konfessionslos.« Als der Pater mich dann bei der nächsten Gelegenheit sah, sprach er mich an: »Was sind Sie eigentlich?«, worauf ich antwortete, ich sei evangelisch. »Ja, und warum konvertieren Sie nicht, wenn Sie sich doch in der katholischen Kirche so wohlfühlen?« »Ach, wissen Sie, Pater Sebastian: Gott kennt keine Konfessionen.« »Da haben Sie recht«, sagte er lächelnd.

Notrufer

In mir ist immer Abschied:
Wie ein Ertrinkender
dessen Kleider
vom Meerwasser schwer sind
seine letzte Liebe
einer kleinen Wolke schenkt.

In mir ist immer
Glaube,
als sei das goldene Seil
wer es auch auswirft
dem Notrufer
heilig
geschuldet.

Hilde Domin

Transzendenz

Ein verwaistes Elternpaar, dessen Tochter gerade vor fünf Wochen verstorben war, kam zum Trauergespräch. Sie begrüßten mich mit den Worten: »Wissen Sie, wir sind Atheisten.« Ich ließ den Satz unkommentiert, vielleicht sagte ich auch, es ist alles gut oder es spielt keine Rolle, auf alle Fälle diskutierte ich diese Aussage nicht. Wir hatten ein intensives Gespräch und sie konnten die sich ihnen aufdrängenden Fragen stellen und ihre Gedanken ausdrücken. Es war ein offenes Gespräch, wobei ich ja viel mehr Hörende als Sprechende war im Sinne von Benedikt von Nursia, der den Mönchen »ein hörendes Herz« wünscht. Als der Mann so liebevoll von seiner Tochter sprach und von der Unfassbarkeit ihres Todes, kam ihm der Gedanke, wie es ihr wohl jetzt gehe und wo sie sei. »Naja, vielleicht gibt es ja doch was …«, formulierte er vage.

In der ersten Erschütterung nach dem plötzlichen Tod eines nahen Angehörigen spielt glauben oder nicht glauben in meinen Augen nicht die entscheidende Rolle. Viel wichtiger ist es, welchen Menschen wir dann begegnen, die sich einfühlen und uns bestenfalls zu Wegbegleitern werden können. Nichts ist kontraproduktiver als aufgedrängter Glaube, der sich der bodenlosen Situation der Trauernden nicht unterordnen kann. »So viele Menschen, so viele Glaubenswege«, dieser Satz von unserem Freund Klaus Günter Stahlschmidt, zeigt die ganze Bandbreite religiöser Bezogen- oder Nichtbezogenheit. Und da in der tiefsten Erschütterung alles auf dem Prüfstand steht, Beziehungen, das bisher geführte Leben und die eigene aktuelle Verortung in dieser Welt, sind auch Glaubensfragen Teil der Infragestellung. Je nachdem wird der Glaube bisheriger Prägung neu zusammengefügt oder durch mitgehende Menschen entdeckt werden. Es gibt jedoch auch den Zusammenbruch des gesamten Glaubens und die endgültige Abkehr. Durch die zeitlich ersten Erfahrungen mit »Kirche« nach dem Todesfall werden oft die Weichen gestellt für eine Erfahrung von Geborgenheit im Glauben. Es kann aber auch genau das Gegenteil eintreten: eine Abwendung, weil die Enttäuschung durch das »Bodenpersonal Gottes« zu groß ist.

In guten Zeiten wenden sich gerade junge Menschen vom Glauben und von der Kirche ab. Es ist so, ob es uns gefällt oder nicht. Infolge dieser Tatsache habe ich selbst immer mehr Trauerfeiern gestalten können. Ich tue dies ausgesprochen gern. Auf der einen Seite schätze ich die Gespräche mit Freunden und Angehörigen, um ein möglichst umfassendes Lebensbild des Verstorbenen bei der Trauerfeier zeichnen zu können, um diesem einmaligen Leben zumindest ansatzweise gerecht zu werden. Ich habe Zeit, kann mich den Erzählungen der Angehörigen und der Freunde in aller Ruhe widmen. Manchmal bitte ich weiter entfernt wohnende Freunde und Verwandte darum, gemeinsame Erlebnisse aufzuschreiben und mir zu schicken, die das Wesen des Freundes oder Verwandten sichtbar werden lassen. Aus allem, was ich gehört oder nonverbal erfahren habe, »bastele« ich dann die Traueransprache.

Auf der anderen Seite ist es mir sehr wichtig, trotz des großen Schmerzes Hoffnung zu vermitteln; Hoffnung, dass der Verstorbene weiter fest in den Herzen der Menschen bleibt, die ihn geliebt und gemocht haben. Und die Möglichkeit der Auferstehung, wie immer sie aussehen mag, verbunden mit einem Wiedersehen, als (Glaubens-)Vision in den Raum zu stellen – dieser Aspekt darf für mich bei einer Traueransprache nicht fehlen. Hier ist der Text von Reinhard Mey ein Trostspender, ohne »glaubensverseucht« zu sein. Ich beginne bei meinen Ansprachen dann immer mit der Zeile: »Ich stelle mir das Sterben vor …«

Du hast mir schon Fragen gestellt
Über Gott und die Welt,
Und meist konnt' ich dir Antwort geben.
Doch jetzt bringst du mich aus dem Lot
Mit deiner Frage nach dem Tod
Und was ist, wenn wir nicht mehr leben?
Da muss ich passen, tut mir leid,
Niemand weiß da so recht Bescheid,
Solang es Menschen gibt auf Erden.
Ich stelle mir das Sterben vor
So wie ein großes, helles Tor,
Durch das wir einmal gehen werden.

Dahinter liegt der Quell des Lichts,
Oder das Meer, vielleicht auch nichts,
Vielleicht ein Park mit grünen Bänken,
Doch eh' nicht jemand wiederkehrt
Und mich eines Bess'ren belehrt,
Möcht' ich mir dort den Himmel denken.
Höher, als Wolkentürme steh'n,
Höher noch, als Luftstraßen geh'n,
Jets ihre weißen Bahnen schreiben
Jenseits der Grenzen unsrer Zeit,
Ein Raum der Schwerelosigkeit,
Ein guter Platz, um dort zu bleiben.

Fernab von Zwietracht, Angst und Leid,
In Frieden und Gelassenheit,
Weil wir nichts brauchen, nichts vermissen.
Und es ist tröstlich, wie ich find',
Die uns vorangegangen sind,
Und die wir lieben, dort zu wissen.
Und der Gedanke, irgendwann
Auch durch dies Tor zu geh'n, hat dann
Nichts Drohendes, er mahnt uns eben,
Jede Minute bis dahin,
Wie ein Geschenk, mit wachem Sinn,
In tiefen Zügen zu erleben.

Reinhard Mey

Ein trauernder Vater, Muslim, der mehrere Jahre lang immer wieder bei Glaubensseminaren in St. Ottilien – einem Benediktinerkloster in Bayern – dabei war, erlebte hier eine Zugehörigkeit und Geborgenheit, die über die Grenzen der Glaubensunterschiede für ihn erfahrbar wurde. Für mich ist das Entscheidende, dass die trauernden Menschen sich aufgehoben, ernst genommen und wertgeschätzt fühlen. Dann kann sich etwas entwickeln, das Halt, Zuversicht und Hoffnung gibt. Viele verwaiste Eltern, und nicht nur Eltern, sondern auch andere Trauernde, machen positive Erfahrungen gerade in Klöstern, sodass die dort angebotenen Trauerseminare meist gut ausgebucht sind. Liegt es an den immer größer werdenden Pfarrverbänden und den damit verbundenen Verwaltungsaufgaben, an der Unfähigkeit oder mangelnden Bereitschaft vieler Pfarrer, dass so viele Trauernde derart enttäuscht von ihnen sind, dass sie sich nicht wahrgenommen fühlen? Für mich geht es darum, dass sich trotz aller Erschütterung, Enttäuschung und Trauer die Menschen in ein größeres Ganzes eingebunden und gehalten fühlen von Gott, so er für sie existiert oder möglich ist. Und ist dies nicht möglich, so sollten es auf jeden Fall Menschen sein, die sie halten und begleiten, Menschen, die es gut mit ihnen meinen und ihnen helfen, die vorgestellte Zukunft, die so schrecklich zerbrochen ist, zumindest ansatzweise wieder neu und positiv zu sehen. Es gibt diese Sehnsucht, das können wir Trauerbegleiter daran erkennen, dass Trauernde gern das Angebot eines überkonfessionellen Gedenkgottesdienstes annehmen, um Gemeinschaft zu erfahren und dem Verstorbenen sichtbar Würde zu verleihen und sein Andenken in Ehren zu halten.

»Gott schenke uns ein weises Herz, dass wir Hörende werden, Mitfühlende, Mitgehende und Stärkende.«

Was soll auf meiner Todesanzeige stehen?

Eines Tages bemerkte ich beim morgendlichen Eincremen meines Gesichtes, dass ich unter dem Lid meines rechten Auges eine etwa erbsengroße, runde Verdickung hatte. »Was soll denn das jetzt?«, dachte ich. »Nicht beachten«, war mein erster Gedanke, »geht schon wieder weg!« Ging aber nicht weg. Nach einigen Tagen regte es mich langsam auf, denn jedes Mal beim Blick in den Spiegel sah ich »das Ding«. Es verschwand einfach nicht, wie ich gehofft hatte. Inzwischen bildete ich mir ein, dass das rechte Auge dadurch dicker aussah als das linke, und das ärgerte mich. Meine Devise: einfach ignorieren, klappte nicht! Meine Eitelkeit machte mir einen Strich durch die Rechnung; dieses Ding sah einfach nicht schön aus, fand ich. In meinem Alter darf ich schon ein bisschen darauf achten, wie ich so aussehe, war meine Überzeugung. Tatsächlich war es der kleine Lidstrich, den ich mir morgens um mein Auge zog, der mich jeden Tag aufs Neue mit dieser blöden Stelle konfrontierte. Also gut, doch zum Arzt. Ich meldete mich bei unserem Neffen, der u.a. auch Schönheitschirurg ist, in der Praxis an. Er meinte, das sei sicher kein Grund zur Beunruhigung, aber er wollte die Stelle nicht selbst operieren, weil sie zu nahe am Tränenkanal sei und das sei ihm zu gefährlich. Er riet mir aber, ein MRT machen zu lassen, um festzustellen, was es sei. Nach dieser Untersuchung war ich auch nicht klüger. Es schien etwas Undefinierbares zu sein. Ich solle zum Augenarzt, so der Rat. Dieser meinte, so etwas an dieser Stelle gäbe es ja eigentlich gar nicht, was sollte das denn sein? Im Flur der Praxis drückte der Arzt unterhalb meines Auges herum, meinte noch, das sei nicht eilig. Es könnte schon etwas Bösartiges sein, ich könnte ja einmal zu einem Augenchirurgen gehen, aber es hätte Zeit. Da ich diese Diagnose und Empfehlung auf dem Flur der Praxis in der Nähe der Anmeldung im Stehen bekam, maß ich dem keinen großen Stellenwert bei. Ich war ja überzeugt, dass das Ding gutartig sei. Aber ich ging dann doch in eine chirurgische Augenarztpraxis, in der ich mich kompetent und sympathisch aufgehoben fühlte, zumal der Arzt auch meinte, dass dies sicher nichts Bösartiges sei. Wie schön, genau das wollte ich hören. Nach der OP war nahezu mein halbes Gesicht verklebt, aber mir ging es gut. Ein paar Tage später bekam ich den Anruf, er hätte mehr wegschneiden müssen als gedacht, und er hätte die Befürchtung, dass es doch nicht harmlos sei.

Ich wollte es nicht glauben, der Schnellschnitt bestätigte jedoch dann seine Vermutung: ein Lymphom. Auf einmal waren alle Ärzte hektisch und ich sollte ganz schnell alle möglichen Untersuchungen durchführen lassen. Umgehend, entgegen sonstigen Erfahrungen mit der Terminvergabe bei Ärzten, bekam ich die entsprechenden Termine. Die plötzliche Eile der Ärzte und die klare Aussage, wir sollten keine Zeit verlieren, versetzten mich regelrecht in einen Schockzustand. »Ich wurde auf den Kopf gestellt«, Magen-Darm-Spiegelung, MRT, CT, Blutuntersuchung, ich bekam einen Termin in der Universitätsklinik in Großhadern in der onkologischen Tagesklinik – Knochenmarkpunktion. Im Internet las ich über Lymphome nach: verschiedene Formen, allerhöchstens noch zehn Jahre Lebenszeit, wenn alles gut geht … Ich wollte das alles nicht lesen und unterließ deshalb weiteres Recherchieren. Drei Wochen sollte es dauern, bis die genaue Spezifizierung und die Ergebnisse der Untersuchungen da sein würden. Ich malte mir erschrocken aus, was ich noch machen wollte, wenn ich bald von dieser Welt ginge. Schränke aufräumen? Nein, das fand ich nicht so wichtig. Meine Hinterbliebenen würden schon fertig werden mit meinem Chaos in Form von Büchern und Trauerunterlagen, für Kurse, Seminare, Workshops und Gottesdienste. Im Zweifelsfall: alles wegwerfen. Auch gut.

Ich überlegte mir, ob ich eine Perücke tragen wollte oder nicht. Lieber nicht.

Traurig war ich, denn ich wollte doch noch so viel machen. Ich habe noch so viel zu tun, ich bin noch so neugierig auf das Leben, ich möchte noch so viel erleben! Verzweifelt war ich, weil ich damit rechnete, dass ich nicht mehr lange leben würde – auf jeden Fall musste ich ja diese Variante nun mit ins Kalkül ziehen. Ich bemerkte, dass die Beschäftigung mit dem möglichen, nahen eigenen Tod nun etwas anderes ist, als meine jahrelange Arbeit mit Trauernden. Sie zu begleiten war – ausgelöst durch den Tod unseres Sohnes – zu meiner Lebensaufgabe geworden. Und jetzt sollte das alles ein Ende haben? So schnell? Herauskatapultiert aus dem normalen Alltag, so fühlte ich mich. Zurückgeworfen auf mich – auf mich allein, auch wenn ich wusste, dass viele Menschen, die mir nahestehen, mitfühlten. So lässt sich meine seelische Befindlichkeit in dieser Situation beschreiben.

Meinen Platz auf dem Friedhof, das war immerhin beruhigend, den gab es schon durch das Grab unseres Sohnes. Es war ein gutes Gefühl zu wissen, da komme ich hin. Der Ort ist mir vertraut geworden, es ist ein guter Ort.

Was soll auf meiner Todesanzeige stehen? Dieser Gedanke beschäftigte mich. Interessant für mich war, dass ich zwei Sätze wählte, die nicht primär Christliches ausdrückten. Obwohl ich mich in der letzten Zeit intensiv mit der Bibel beschäftigt und mein Glaube sich immer weiter entwickelt hatte, obwohl ich viele Predigten für Trauergottesdienste gehalten und die wertvollen Tröstungen im Glauben verinnerlicht hatte, obwohl ich viele theologische Bücher mit großem Interesse gelesen und für mich wichtige Stellen unterstrichen oder mit Randbemerkungen versehen hatte, dachte ich: Nein, das alles sollte es nicht sein, sondern ganz schlicht:

»Trotz allem: das Leben ist schön. Unendlich dankbar bin ich für wunderbare menschliche Beziehungen.«

Punkt, mehr nicht. Das passt, das stimmt und passt auch heute immer noch. Es beruhigte mich damals, dass ich das für mich geklärt hatte. Es gab mir ein gutes Gefühl. Trotz aller Sorgen. Andere Menschen fanden es befremdlich, dass ich mich damit auseinandersetzte. Sie wollten davon nichts hören. Mich machte es frei.

Gott sei Dank war es ein abgekapseltes Non-Hodgkin-Lymphom, das noch nicht gestreut hatte. Nach einer Antikörpertherapie, die zwar anstrengend, aber ohne derart starke Nebenwirkungen wie eine Chemotherapie war, geht es mir heute wieder gut und dank regelmäßiger Kontrollen fühle ich mich sicher und gesund. Letztlich war es meiner Eitelkeit zu verdanken, dass so schnell gehandelt wurde, bevor die Krankheit sich weiter ausbreiten konnte. Es ist schon merkwürdig – denn Eitelkeit ist für mich ein nicht so erstrebenswerter Wesenszug – dass ich gerade meiner Eitelkeit nun wohl einiges zu verdanken hatte. So bekommt sie im Nachhinein ihre Berechtigung. Und sollte irgendwann ein anderer, neuer Befund kommen, weiß ich jetzt: »Ich packe es an!« Und wenn mein Leben früher zu Ende geht als gewünscht, möchte ich nicht, dass es heißt: »Sie hat gekämpft und verloren«, sondern »Ihr Leben hat sich vollendet«. Ja, das Leben war voll, und nun ist es zu Ende.

Wenn ich zurückblicke, was mich in dieser Zeit der Ungewissheit, der Diagnose, der Therapie unterstützte, dann war es das Dasein, Aushalten und Mitgehen, ohne zu interpretieren. Wie oft habe ich gehört, dass jemand über eine Trauernde sagt: »Sie macht ja auch zu viel«, »Das ist bei ihr vielleicht doch noch die Trauer, die sich ihren Weg sucht«. Die Menschen benötigen immer wieder Erklärungen, und man fragt sich: warum? Es sind diese anderen Angebote durch das soziale Umfeld – Dasein, Aushalten, Mitgehen –, im Prinzip so einfach und doch so schwer umzusetzen, die in Krisen- und Trauerfällen tatsächlich hilfreich sind. Dankbar bin ich, dass es Menschen, die mich so unterstützten, damals wie heute für mich gibt. Die Zeit dieser Krankheit hat mich zum zweiten

Mal in meinem Leben an meine psychischen Grenzen gebracht. Und ich habe festgestellt, dass das Durchleben der Trauer nach Bennis Tod mir in diesem Fall geholfen hat, mit der neuen Situation besser zurechtzukommen. Ich bewegte mich in gewisser Weise auf bekanntem Terrain. Vermutlich ist die Quintessenz aus dieser Erfahrung, die mein Leben noch einmal verändert hat, jeden Tag noch dankbarer und bewusster zu leben. Jeden Tag klappt es ehrlich gesagt nicht, aber doch immer öfter!

Im Schatten
Kommt es uns so vor
Als hätte uns das Leben vor die Tür gesetzt.
Sehen nur noch schwarz-weiß
Und hören
Ein tosendes Schweigen,
fühlen uns
wie ein wortloses Buch,
wie ein erfrorenes Meeresrauschen.

Als wär's Nacht
Am helllichten Tage, als wär's November
Im Monat Mai.

Nach Jochen Mariss

Krankheit ist ein Teil des Lebens

Viele Hinterbliebene, die ich begleitet habe, haben ihre Angehörigen durch einen plötzlichen Tod verloren. Andere aber, gerade auch in unserem Freundeskreis, haben ihre Liebsten nach einer Krankheit gehen lassen müssen. Was ist besser zu ertragen, was weniger gut?

Diese Frage stellt sich für mich so nicht, obwohl sie in dieser Art häufig von Außenstehenden formuliert wird. Es ist anders. Sicher, auf der einen Seite kann sich die Familie mit dem Sterben nach und nach vertraut machen. Auf der anderen Seite zehrt dieses lange Bangen, dieses Wieder-Hoffnung-Schöpfen, um dann doch erfahren zu müssen, dass der Tod immer näher rückt. Die körperlichen und seelischen Kräfte sind, wenn der Tod eintritt, meistens schon stark erschöpft, und so vieles ist dann neu zu regeln und zu gestalten. Ist es »gerecht«, dass eine fünfzigjährige Mutter, die drei Jahre zuvor ihren geliebten Sohn durch einen Unfall verloren hat, nun ein Jahr lang nach einer vernichtenden Diagnose um das Leben ihres gleichaltrigen Mannes bangt, um ihn dann doch nach liebevollster häuslicher Pflege gehen lassen zu müssen? Nein, Gerechtigkeit gibt es nicht! Wir hätten es so gern, wir würden so gern verstehen, warum all das geschehen muss, aber es gibt keine Antwort.

Dann kommen die ganz Schlauen, die meinen: »Naja, er hat ja auch immer so viel gearbeitet und die Trauer vielleicht zu sehr in sich hineingefressen, deshalb musste er sterben.« »Nein!«, möchte ich schreien, so stimmt es nicht. Wenn jemand schwer erkrankt, gerade wenn er gesund gelebt hat, ist es Zufall. Warum der eine erkrankt und der andere nicht – wir wissen es nicht. Solche Erklärungen abzugeben, steht uns nicht zu. Am Ende bekommt der Kranke auch noch »die Schuld«, dass er krank geworden ist, aufgebürdet. Einfach einmal schweigen, das wäre die passende Reaktion! Wir Menschen sind diesem Zufall schließlich ausgeliefert.

Auch hier können wir wieder nur da sein, aushalten und mitgehen und die Mutter aus dem Beispiel oben darin unterstützen, dass es weitergeht: einen Schritt nach dem anderen, Mut zusprechen, dass sie es schafft, das noch lebende Kind zu versorgen und sich selbst. Es gibt ein Leben nach dem Tod. Und eines Tages wird auch wieder Freude unerwartet durchblitzen können.

Wo sind die persönlichen Kraftquellen, die schon vorher angelegt oder ausgeübt waren? Bei einer Freundin ist es das Segeln, das sie schon als Kleinkind mit ihren Eltern erlebte und womit sie nun als Skipper konzentriert auf dem Wasser den Kopf freibekommt von all den Sorgen und belastenden Gedanken. Und es ist wunderbar mitzuerleben, wie sich ihre Gesichtszüge entspannen und ihr die wunderschöne Natur um den bayerischen See herum das Herz weitet.

Auch Singen im Chor kann für Menschen eine Kraftquelle sein, wenn sie schon vor dem Schicksalsschlag gesungen haben. Die Gemeinschaft, die Konzentration auf das Lied, die eigene Stimme zum Klingen zu bringen, obwohl wir uns manchmal fühlen, als stecke ein dicker Kloß im Hals, kann uns helfen, dass wir uns wenigstens in dieser Stunde wieder lebendig fühlen können, auch wenn dabei die Tränen fließen.

Eine junge Frau, eine meiner »Vizetöchter«, die ich während ihrer Leukämieerkrankung begleitet habe und die durch wahrhaftig große Tiefen im Laufe ihrer Krankheit gehen musste, bekam eine lebensrettende Knochenmarksspende. Trotz großer Hoffnung hatte sie auch große Angst, als das Stammzellen-Transplantat – sehnsüchtig erwartet – ankam. Wie würde es der Körper annehmen und wie würde das Transplantat auf ihre Organe reagieren? Um diese Angst ein wenig umzuleiten in Vertrauen und Zuversicht, habe ich einen kleinen Text formuliert, den ich ihr vorlas, während das Transplantat in ihren Zentralkatheter lief:

»Liebes Transplantat,
herzlich willkommen! Ich freue mich, dass ihr Zellen alle da seid! Ich danke euch für euer Kommen. Ich wünsche mir eine gute Zusammenarbeit mit euch in Geduld und Vertrauen, ihr mit mir und ich mit euch, damit wir gemeinsam mein Gesundwerden und Wohlergehen bewirken.«

Elisabeth hat mir bestätigt, dass sie dieser Text beruhigt hat, und ich konnte sehen, dass er sie auch ein wenig zum Schmunzeln gebracht hat. Diese angespannte Situation wurde dadurch ein wenig entkrampft.

Ist Trauer eine Krankheit? Ganz sicher nicht! Bei der aktuellen medizinisch-psychotherapeutischen Diskussion, ob Trauer in den Katalog der ICD (ICD 11 als behandlungsbedürftige Krankheit) aufgenommen werden sollte, gibt es unterschiedliche Argumente für und gegen die Aufnahme. Natürliche seelische Prozesse sollten meiner Ansicht nach nie als Krankheit klassifiziert werden. Wir dürfen im Gegenteil darauf vertrauen, dass wir mit Selbstheilungskräften ausgestattet sind, um auch mit schweren Schicksalsschlägen leben zu lernen. Und wenn jemand für sich dabei psychotherapeutische Unterstützung in Anspruch nehmen will, gibt es mittlerweile einige Möglichkeiten, diese Therapie kassenärztlich abrechnen zu können. Wenn ich gefragt werde, wie lange die akute Trauer dauert, antworte ich: zwischen zwei und fünf Jahren. Doch immer wieder höre ich von dieser Art verletzender Fragen: »Jetzt ist es doch schon ein Jahr her, dass dein Mann gestorben ist, wieso trauerst du denn immer noch?« Trauernde bekommen so etwas immer wieder zu hören. Aus diesem Grund ist es mir auch wichtig, dass gerade Nichtbetroffene etwas über Trauer lernen, für sich selbst und zum Segen für die anderen. Das würde helfen, unsere Welt etwas sensibler, mitfühlender, ja menschlicher zu machen. Nicht wir nehmen die Trauernden an die Hand, sondern der Trauernde nimmt mich an die Hand, und ich darf mit ihm die »terra incognita« betreten, um so nach und nach neues Leben entdecken zu können.

Was für die Trauer gilt, gilt auch für die Krankheit. André Gide schreibt dazu:

Ich glaube, dass Krankheiten Schlüssel sind, die uns gewisse Tore öffnen können. Ich glaube, es gibt gewisse Tore, die einzig die Krankheit öffnen kann. Es gibt jedenfalls einen Gesundheitszustand, der es uns nicht erlaubt, alles zu verstehen. Vielleicht verschließt uns die Krankheit einige Wahrheiten. Ebenso aber verschließt uns die Gesundheit andere, oder führt uns davon weg, sodass wir uns nicht mehr darum kümmern. Ich habe unter denen, die sich einer unerschütterlichen Gesundheit erfreuen, noch keinen getroffen, der nicht nach irgendeiner Seite hin ein bisschen beschränkt gewesen wäre – wie solche, die nie gereist sind.

André Gide

Egoismus – oder: ich sorge gut für mich

Schon Anfang der 90er-Jahre habe ich mich mit dem Enneagramm beschäftigt. Das Enneagramm – neun Gesichter der Seelen – unterscheidet neun verschiedene Persönlichkeitsmuster und beschreibt ihre Beziehungen zueinander. Der Name stammt aus dem Griechischen: »ennea«, das »neun« heißt, und »gramma« für »Modell«, und bezeichnet ein neunspitziges Symbol. Für mich ging es damals darum, mich selbst und andere Menschen besser verstehen zu lernen. Warum reagiere ich in bestimmten Situationen so und nicht anders? Wieso reagiert ein anderer in manchen Situationen so ganz anders als ich? Es sind jetzt mehr als 25 Jahre her, dass ich anfing, die verschiedenen Persönlichkeiten mit ihren Stärken und Schwächen besser zu verstehen und um einen milderen Blick auf mich und andere werfen zu können. Und ich bekam Antrieb, mich selbst zu »ent-wickeln«, denn als ich das Buch über das Enneagramm las und mein Muster erkannte, errötete ich vor

Scham. »Genauso ist das«, dachte ich damals. Entlarvt. Oh, wie peinlich. Seitdem sind viele Jahre vergangen und ich konnte manche Schattenseite (beim Enneagramm heißt es »Wurzelsünde«) meiner Persönlichkeit verändern, allein schon deshalb, weil ich immer wieder bemerkte, wann ich wieder einmal »in eine Falle tappte«. Und das wollte ich natürlich nicht. Also war Veränderung angesagt. Langsam ging es, aber es ging.

Schwer war es trotzdem, denn ich war so sozialisiert, dass ich erst an andere denken sollte, ob es ihnen gut geht, bevor ich an mich selbst denken durfte. Das war auch insofern gefühlsmäßig angenehm, als ich mich danach gut und gebraucht fühlte. Überspitzt gesagt leitete ich meine Daseinsberechtigung davon ab, inwieweit ich wichtig für andere Menschen war. Von dieser für mich – in meinen Augen heute – ungünstigen Spur hat mich die Beschäftigung mit dem Enneagramm ansatzweise befreit. Was aber über 35 Jahre in einem Menschen fest verankert war, lässt sich nicht durch die Beschäftigung mit einem Persönlichkeitsmodell so einfach ablegen. Dann kam der Tod unseres Sohnes im Jahre 1998. Überwältigt von dem unendlichen Schmerz, der Trauer und dem seelischen und körperlichen Auf-den-Boden-geworfen-Sein, musste ich anfangen, mit vielen Rückfällen konfrontiert, mich »neu aufzubauen«. Das Schicksal hatte mich seelisch so auseinandergebrochen, dass ich behutsam lernen musste, wie ich wieder sinnerfüllt leben könnte, wobei es ja erst einmal um das »Über«leben ging. Ein Satz von damals, den ich zu mir selber sagte, lautete: »Wenn ich nicht jetzt damit anfange, auf mich selbst zu achten, wann bitte dann?« So kaufte ich mir Blumen, ging zur Kosmetikerin, zur Fußpflegerin, leistete mir das eine oder andere schöne Kleidungsstück. Als Mutter von vier Kindern war all das bis dahin nicht unbedingt im Vordergrund gestanden. Zehn Jahre Kurse in Themenzentrierter Interaktion (TZI) haben das ihrige dazugetan, dass ich mich und meine Bedürfnisse mehr spüren konnte und mir auf einmal sogar ein »Nein« über die Lippen kam. Mein Lebensmuster war es schließlich, für andere da zu sein, immer Ja zu sagen, wenn mich jemand um einen Gefallen oder eine Unterstützung bat, ohne zu überlegen, ob ich es wirklich wollte oder ob es mir vielleicht zu viel werden würde.

Das Nein
das ich endlich sagen will
ist hundertmal gedacht
still formuliert
nie ausgesprochen.
Es brennt mir im Magen
nimmt mir den Atem
wird zwischen meinen Zähnen zermalmt
und verlässt
als freundliches Ja
meinen Mund

Peter Turrini

Ich fing damit an, wenn andere mich baten, etwas zu tun, immer wieder zu sagen: »Ich kann es dir im Moment noch nicht zusagen, aber ich überlege es mir und gebe dir später Bescheid.« Das war wirklich neu für mich, es gelang mir leider nicht immer, aber immer besser. Seitdem ich diese Haltung über die Jahre immer mehr geübt und gelernt habe, fühle ich mich authentischer und damit freier. Mein Leben besteht zum großen Teil aus meiner ehrenamtlichen Tätigkeit, die ich aus vollem Herzen und mit vollem Einsatz leiste und die mein Leben mit Sinn erfüllt, und ich weiß, dass es ein mir besonders wichtiges Anliegen ist. Insofern musste und sollte ich mein Lebensmuster nicht ablegen, sondern nur die damit verbundenen Schattenseiten korrigieren. Beziehungsweise sie erkennen und daran arbeiten. Nicht ich habe mir die neue Aufgabe gesucht, sondern das Schicksal, das Leben hat mir diesen Bereich zugeteilt. Und ich habe die Aufgabe angenommen. Doch ich kenne inzwischen auch da meine Grenzen und spüre, wann es mir zu viel wird beziehungsweise wann ich eine Pause benötige. Andere können es auch. So lerne ich jetzt abzugeben.

Einen neuen Lernschub bekam ich zwangsweise durch meine Tumorerkrankung. Hier wurde ich noch einmal körperlich wie seelisch zutiefst getroffen, sodass meine ganze Energie dahin gehen musste, wieder ins Gleichgewicht mit meinem Körper und meiner Seele zu kommen. Dieses Mal spürte ich noch deutlicher als nach Bennis Tod, was mir möglich ist und was nicht mehr geht. Wie viel kann ich mir zumuten, was wird mir zu viel? Ich muss auf meine Grenzen achten und weiß nun sehr viel eher, was ich brauche beziehungsweise was mich überfordert.

Dass gerade in dieser für mich so schwierigen Zeit meine Ursprungsfamilie meine Hilfe und Unterstützung dringend benötigte, brachte mich in ein emotionales Dilemma. Sollte ich den Wünschen der anderen nachgeben oder auf mein Bauchgefühl hören, das mir klar signalisierte, das kannst du leisten, aber jenes nicht mehr? Es war ein innerer Kampf, aber letztlich »siegte« in diesem Fall mein Bauchgefühl, was für mich richtig und neu war. Es kostete mich zwar viele Tränen, weil ich mir Vorwürfe anhören musste, dass ich mich nicht genügend eingesetzt hätte. Ich wollte niemanden verletzen und hätte auch gern mehr geben wollen, entsprechend des alten Musters, es allen recht zu machen, aber ich konnte es zu diesem Zeitpunkt nicht. Ich weiß, es geht nicht, und ich stehe dazu. Auch wenn es für die anderen enttäuschend war, für mich war es so richtig – wenn auch schwer auszuhalten.

Später sagte mir einmal auf einem Fest einer meiner Neffen: »Du bist ja auch egoistischer als Mami!«

Erstaunlicherweise war ich weder beleidigt noch fühlte ich mich verletzt, sondern ich antwortete darauf nur ganz ruhig: »Ich bin nicht egoistisch, sondern ich achte auf meine Grenzen.« Und der jüngere Bruder, der das Gespräch mit verfolgt hatte, meinte ganz nüchtern dazu: »Freya ist nicht egoistisch, sondern ›selbst-bewusst‹, im ursprünglichen Sinne des Wortes.« Ja, ich war mir meiner Grenzen bewusst und habe auf sie geachtet.

Wenn du vernünftig bist, erweise dich als Schale, nicht als Kanal, der fast gleichzeitig empfängt und weitergibt,
während jene wartet, bis sie gefüllt ist.
Auf diese Weise gibt sie das, was bei ihr überfließt, ohne eigenen Schaden weiter, denn sie weiß, dass der verflucht ist, der einen Teil verringert …
Wir haben heutzutage viele Kanäle (in der Kirche)
Aber sehr wenige Schalen.
Diejenigen, durch die uns die himmlischen Ströme zufließen, haben eine so große Liebe, dass sie lieber ausgießen wollen, als dass ihnen eingegossen wird,
dass sie lieber sprechen als hören,
dass sie bereit sind zu lehren, was sie nicht gelernt haben, und sich als Vorsteher über die anderen aufspielen,
während sie sich nicht regieren können.
Lerne auch du, nur aus der Fülle auszugießen, und habe nicht den Wunsch. Freigebiger als Gott zu sein.
Die Schale ahmt die Quelle nach. Erst wenn sie mit Wasser gesättigt ist, strömt sie zum Fluss, wird sie zur See.

Die Schale schämt sich nicht, nicht überströmender zu sein als die Quelle.
Du tue das Gleiche!
Zuerst anfüllen und dann ausgießen.
Die gütige und kluge Liebe ist gewohnt überzuströmen, nicht auszuströmen.
Ich möchte nicht reich werden, wenn du dabei leer wirst.
Wenn du nämlich mit dir selbst schlecht umgehst, wem bist du gut?
Wenn du kannst, hilf mir aus der Fülle, wenn nicht, schone dich.

Bernhard von Clairvaux

Auf sich achtgeben

Die Lebensschule »Trauer und Krankheit« gibt uns die Möglichkeit, auf unsere Grenzen zu achten, beziehungsweise sie überhaupt erst einmal wahrzunehmen. Gerade Mütter neigen dazu, für die Familie da zu sein, alles für sie zu geben und sich selbst dabei aus dem Blick zu verlieren. Die Erschütterung, der seelische oft damit verbundene körperliche Zusammenbruch, gibt uns die Chance, genau hinzuschauen, was nicht nur mir, sondern letztlich allen, wenn auch nicht gleich erkennbar, zugutekommen kann. Oft heißt es dann: »Sie dreht sich ja nur noch um sich selbst«, »Sie hat ja die anderen überhaupt nicht mehr im Blick« oder »Sie badet sich ja in ihrer Trauer«, »Sie nimmt sich wirklich allzu wichtig, jetzt ist es doch schon über ein Jahr her, seitdem ihr Mann verstorben ist, und sie scheint immer noch nicht darüber weg zu sein«. Welche Anmaßung steht hinter solchen Aussagen? Wie kann ich darüber urteilen, wenn ich nicht in der Situation stecke? »Bewahre mich davor, die Schritte des anderen zu beurteilen, bevor ich nicht tausend Meter in seinen Mokassins gelaufen bin«, so das Sprichwort eines klugen nordamerikanischen Indianers. Den Satz eines älteren Theologenfreundes: »Den anderen geht es gut, wenn es mir gut geht«, empfand ich, als ich ihn das erste Mal hörte, zunächst für mich als etwas befremdlich. Ich dachte mir: »Naja, der hat gut reden, er hat keine Familie und kann sich um sich selbst leicht kümmern.« Inzwischen aber habe ich verstanden, wie er diese Aussage gemeint hat: Woher soll ich die Kraft, die Geduld und die innere Bereitschaft und Offenheit nehmen, wenn ich nicht mit mir selbst im Gleichgewicht bin?

In diese Lebensschule müssen wir gehen, wir müssen diese Lektionen lernen, sie fallen uns nicht zu. Manchmal ist das harte Arbeit, und es wäre scheinbar einfacher, auf jeden Fall oft bequemer, dem alten Verhaltensmuster zu folgen. Aber weiter kommen wir damit nicht, das ist sicher. Auf das Umfeld mag es »egoistisch« wirken, aber das müssen wir aushalten.

Was bedeutet überhaupt Egoismus? »Ego« kommt aus dem Lateinischen und heißt »ich«. Egoismus heißt also Ichliebe oder Eigenliebe und ist die Gesamtheit der Antriebe und Strebungen, die von der eigenen Person ausgehen und diese in den Mittelpunkt stellen. Biologisch beruht der Egoismus auf dem Selbsterhaltungstrieb. Er wird ethisch vom Wert des Lebens gefordert, da er der Erkenntnis und Verwirklichung eigener Persönlichkeitswerte dient. Ethisch verwerflich wird er, wenn er sich im Geltungs- und Machtstreben zur reinen Selbstsucht steigert. So weit die lexikalische Definition. In unserem täglichen Sprachgebrauch hat das Wort »Egoismus« eher einen negativen Beigeschmack, ist zum Gegenteil von Altruismus verkommen, einer Haltung, die auf Kosten anderer geht. Wir müssen jedoch unterscheiden zwischen Egoismus in dieser Wertung und dem Schutz der eigenen Grenzen und Ressourcen. Einen guten Hinweis bekam ich von einem Freund, der ebenfalls in der Seelsorge tätig ist: Einmal in der Woche mache ich eine Verabredung mit mir selbst aus. Der Abend ist blockiert. Und wenn mich jemand fragt: »Hast du heute Abend Zeit?«, sage ich: »Nein – heute Abend habe ich einen Termin, da kann ich nicht.« Ich bin dem anderen gegenüber ja nicht verpflichtet zu sagen, mit wem.

Die Arbeit kann uns helfen, eine tägliche Struktur in der haltlosen Zeit der Trauer zu bekommen. Sie ermöglicht es uns, den Tag zu »überleben«. Das mag zwar hilfreich sein, aber auch da müssen wir aufpassen, um uns nicht zu übernehmen. Ein Arbeitgeber, der seiner Fürsorgepflicht nachkommt, wird darauf achten, dass sich der Trauernde nicht übernimmt. Nach einer längeren Krankschreibung aufgrund des Todes eines nahen Angehörigen gibt es die Möglichkeit einer sich zeitlich nach und nach aufbauenden Eingliederung, die sinnvoll und hilfreich ist. Ich ermuntere die Menschen, davon Gebrauch zu machen, wenn sie das Gefühl haben, sie möchten wieder arbeiten, aber nicht gleich die volle Zeit.

Auch eine Kur, die wieder Kräfte vermitteln kann, ist für Trauernde empfehlenswert. Es gibt spezielle Kurkliniken und Sanatorien, die mit Trauernden besonders sensibel und respektvoll umgehen. Es lohnt sich da sehr, sich genau zu informieren.

Wenn es uns gelingt, gut auf unsere Grenzen zu achten, sie rechtzeitig zu spüren, und nicht erst dann, wenn wir wieder einmal darüber hinweggegangen sind, werden wir neue Kraft und ein neues Selbstbewusstsein bekommen, das uns ermöglicht, eines Tages wieder Freude am Leben zu empfinden.

Der Tod und die Enkel

Eine so einschneidende Erfahrung wie der Tod unseres Sohnes mit 18 Jahren ist ein Erlebnis, das sich tief in die Familiengeschichte »eingräbt«. Ich hatte diese Erkenntnis gleich nach dem Tod von unserem Benni, denn in meiner Ursprungsfamilie gab es auch Todesfälle, über die nicht gesprochen wurde, die von daher anscheinend nicht existierten. Die Generation vor uns war der festen Überzeugung, wenn wir nichts von einer Krise oder Katastrophe wüssten, wären wir auch nicht belastet, und aus diesem Grunde musste auch nicht darüber gesprochen werden. Was für ein Trugschluss! »Alles das, was nicht gesehen und gewürdigt wird, sucht sich den Weg an das Licht«, das wurde mir ganz schnell klar. Um den »Teufelskreis« zu durchbrechen, waren mein Mann und ich uns von Anfang an einig, offen über den Suizid unseres Sohnes zu sprechen. Nur auf diese Weise, so hoffe ich es, können wir verhindern, dass in nachkommenden Generationen ein solcher Schritt, aus dem Leben zu gehen, vielleicht vermieden werden kann. Auf jeden Fall wollte ich das Meine dazu tun, um eine weitere

Tragödie dieser Art möglichst zu vermeiden. Hundertprozentige Sicherheit gibt es nicht. Aber durch einen offenen Umgang können wir unsere Kinder und Enkelkinder vielleicht schützen. In den Familien unserer Kinder steht selbstverständlich neben anderen Familienbildern auch ein Bild von Benni. Die Enkel wissen, dass Benni der Bruder ihrer Väter ist. Sie gehen mit uns, den Großeltern, ganz selbstverständlich an das Grab, malen ein Bild »für den Benni«, das wir dann auf das Grab legen. Die Kinder haben keinerlei Scheu, dort hinzugehen, und empfinden es als ganz normal, dass wir über Benni sprechen und dass er immer noch Teil der Familie ist. Das Thema Tod gehört in den Alltag und bei besonderen Anlässen, zum Beispiel bei der Feier zum zehnten Hochzeitstag unseres ältesten Sohnes hat er bei der Begrüßungsrede seinen Bruder Benni erwähnt. Und dies, obwohl seitdem schon achtzehn Jahre vergangen waren.

Nach dem Flugzeugabsturz in Frankreich im Jahre 2013 und den anschließenden Berichten im Radio und Fernsehen, bekam unser ältester Enkel mit, dass der Pilot in psychiatrischer Behandlung gewesen war und Depressionen gehabt hatte. Woraufhin er, damals sieben Jahre alt, seine Mutter ganz unbefangen fragte: »Hat Benni auch Repressionen gehabt?« Wie natürlich interessiert Kinder an diesem Thema sind, wurde mir auch klar, als derselbe Enkel, damals war er noch etwas jünger, vielleicht fünf Jahre alt, fragte: »Wenn Benni im Grab liegt, was geschieht dann mit seiner Haut?«

Unser natürliches Empfinden ist zunächst, Kinder vor Schwierigkeiten und belastenden Umständen in der Familie zu schützen, indem man nicht davon spricht. Genau das Gegenteil ist die Folge. So ermutige ich Familien, die ich unmittelbar nach dem Tod eines nahen Angehörigen begleite, die Kinder immer zu einer Verabschiedung mitzunehmen. Gerade wenn sie noch recht klein sind, gehen sie ganz offen mit dieser Situation um. Ich erinnere mich an die Verabschiedung eines kleinen Jungen, der am plötzlichen Kindstod starb. Die vier Jahre alte Schwester sprang um ihren kleinen Bruder, der auf einem großen Kissen am Boden aufgebahrt war, herum, streichelte und küsste ihn und meinte irgendwann zu ihrem Papa: »Mario kann die Augen ja gar nicht mehr aufmachen!« Und der Vater erklärte ihr sehr liebevoll, dass sie nun auch mit den Augen ihres kleinen Bruders die Welt entdecken könnte.

Inzwischen wissen wir, dass es wichtig ist, bereits Säuglinge dabeizuhaben, wenn eine Todesnachricht überbracht wird, damit sie die Trauer von Anfang an atmosphärisch miterleben können. Wie soll auch sonst ein Baby verstehen können, dass die Mutter auf einmal beim Stillen oder Wickeln weint und nicht so unbefangen dem Säugling die Zuwendung geben kann, die er bisher erfahren hat?

Gerade beim Suizid eines Angehörigen ist die Wahrheit wichtig. Es hat keinen Sinn, dem Enkel zu erklären, der Opa sei an einem Herzinfarkt gestorben, wenn er sich das Leben genommen hat. Kinder spüren, dass etwas nicht stimmt. In einer Familie, die ich begleitet habe, war der Enkel, der besonders an seinem Opa hing und viel mit ihm unternommen hatte, seit dessen Tod zornig, unkonzentriert und riss sich die Haare aus dem Kopf. Nachdem ich die Großmutter überzeugen konnte, doch dem Enkel die Wahrheit zu sagen, dass sich sein Opa das Leben genommen hat, wurde sein Verhalten wieder normal und er konnte seiner Traurigkeit freien Lauf lassen. Ab diesem Zeitpunkt konnten alle in der Familie frei über den Opa sprechen. Natürlich ist es schwer, diesen Schritt, eine falsche Todesursache angegeben zu haben, zu korrigieren. Wenn wir aber ehrlich sind und zugeben, dass es uns selbst schrecklich wehgetan hat, dass der Verstorbene auf diese Weise aus dem Leben gegangen ist, und wir deshalb zunächst die wahren Umstände verschwiegen haben, werden Kinder das gut annehmen können.

Und noch etwas: Wir müssen Kindern nicht alle Einzelheiten in Zusammenhang mit diesem Suizid erzählen, sondern wir dürfen darauf vertrauen, dass

Kinder erst dann die entsprechenden Fragen stellen, wenn sie die Antworten verkraften können. Wir dürfen ihnen nichts aufdrängen, um uns zu entlasten. Wenn sie fragen, müssen wir ihnen ehrliche Antworten geben. Alles zu seiner Zeit! Nur die Wahrheit macht frei – alle und jedem gegenüber.

Noch eine kleine Episode zum Abschluss dieses Kapitels: Als der Film *Lebenslinien* gedreht wurde, in dem ich über mich, den Tod meines Sohnes und meine Arbeit bei den *Verwaisten Eltern* sprach, waren unsere Kölner Enkelkinder gerade in München. Es gibt eine sehr kurze Szene im Film, da pflanze ich mit meinem Enkel Conrad Blumen in den Garten. Irgendwann später fragte er einmal nach dem Film und meinte: »Wo ist eigentlich der Film von mir mit der Nonna?«

homo ludens
schwerelos
und ernst zugleich
im unbeschwerten Spiel

ohne Zweck und Zwang
aus reiner Freude
an der Freude selbst

kinderleicht tanzend
auf einem Sonnenstrahl
Schmetterlingsland

spielerisch
gespannt und gelassen
gefesselt und befreit

die Welt ringsum
völlig vergessen
sogar sich selbst

ganz versunken
und ganz da
o göttliches Spiel

Andreas Knapp

Der Tod im Familiensystem

Kinder sind auch beim Thema Tod und Trauer authentisch, unmittelbar und manchmal mit ihren Fragen herzerfrischend. Sie sind noch nicht »verdorben« von Konventionen. Sie gehen unbefangen an das Thema heran, wenn wir es ihnen ermöglichen. So stellte beispielsweise ein Siebenjähriger nach dem Tod seines Vaters seiner Mutter die Frage: »Wo komme ich hin, wenn du auch stirbst?« Dann ist es gut, wenn die Mutter ganz ruhig darauf reagieren kann und beispielsweise wie in diesem Fall antwortet: »Ich denke, dann bist du gut aufgehoben bei Onkel Willy.« Der Sohn nickte zustimmend.

Kinder wollen wissen, wo sie bleiben, wer sie versorgt, wenn alles um sie herum wegbricht. Das beruhigt und gibt Sicherheit. Es wird gut für das Kind gesorgt werden. Kinder sind da ganz nüchtern. Sie wollen einfach nur wissen, dass es gut weitergeht.

Kinder haben eine natürliche Gabe, mit Tod und Trauer umzugehen. Sie können in die Trauer hineinspringen wie in eine Pfütze, weinen und schreien, um dann, eh wir uns versehen, lachend mit anderen Kindern auf dem Spielplatz zu rennen. Das ist bei kleinen Kindern so. Sie können sich auch noch recht gut schützen. Unser damals zehnjähriger Sohn sagte seiner Religionslehrerin in der vierten Klasse, als diese im Unterricht »Von guten Mächten wunderbar geborgen« singen wollte, dass er das Lied nicht hören könnte, es erinnerte ihn zu sehr an die Trauerfeier seines Bruders. Er durfte die Klasse verlassen.

Ältere Kinder beobachten die Erwachsenen, wie es ihnen geht, und das hat Auswirkungen auf ihr Verhalten. Sie möchten nämlich nicht, dass es den Eltern oder der Oma schlecht geht. Als ich damals, kurz nach dem Tod von Benni, unvermittelt weinend im Bad auf dem Badewannenrand saß, kam unser Kleiner, nahm meine Hand, streichelte sie und meinte dann nach einer gewissen Zeit nur: »Mami, geht es jetzt besser?« Ich war gerührt und sagte, »ja, es geht schon«. Kinder haben noch einen so natürlichen Umgang mit diesem Thema, dass wir ihnen helfen sollten, ihn sich so lange wie möglich zu bewahren. Wenn man Kinder später fragt, was ihnen damals am meisten geholfen hätte, kommen ganz erstaunliche Antworten. So meinte mein damals kleiner Sohn heute, zwanzig Jahre später, auf diese Frage: »Es waren die Gummibärchen, die mir mein Freund Paulus geschenkt hatte.«

Ältere Kinder meinen, ihre eigene Trauer nicht ausdrücken und ausleben zu dürfen, aus Rücksichtnahme auf ihre Eltern. Sie sorgen sich primär um sie, anstatt sich ihrem eigenen Verlust zuzuwenden und zu widmen. Wobei, Gott sein Dank, die Trauergruppe der erwachsenen verwaisten Geschwister in unserem Verein in München sehr gut besucht wird. Manchmal allerdings braucht es Jahre, bis junge Erwachsene bereit sind, sich ihrer eigenen Trauer zu stellen.

Beindruckend empfand ich eine Szene in dem Film *Halt auf freier Strecke*. Es geht in diesem Film darum, dass ein Vater, kurz nach der Diagnose eines bösartigen Hirntumors, im Sterben liegt. Die ganze Familie steht am Totenbett, bis die etwa sechzehnjährige Tochter, aktive Schwimmerin, meint: »So, jetzt muss ich zum Training!« Zunächst war ich etwas geschockt über diese in meiner Wahrnehmung etwas schroffe Ankündigung, aber dann dachte ich mir: Kinder sind so, sie dürfen so sein, sie haben noch einen gesunden, unverstellten Egoismus.

»Geld kann ich nicht!«

Seit vielen Jahren begleite ich nun Menschen, die einen schweren Verlust durch den Tod eines nahen Angehörigen erlitten haben. Ich tue es von Herzen gern, weil ich weiß, dass dies zu meiner Berufung geworden ist. Sicher, ich hätte mir nie gedacht, dass ich in diesem Bereich meine Lebensaufgabe finden würde, aber es ist so. Es ist, was es ist. Warum erfüllt mich diese Aufgabe so sehr? Sicher, ich selbst hatte eine wunderbare Unterstützung bekommen, aber das allein war sicher nicht der Auslöser. Nein, durch die fundamentale Erschütterung wurde ich auf meinen Wesenskern gestoßen, der durch meine Erziehung, Ausbildung und meine familiäre Situation verschüttet war.

Wenn ich mich zurückerinnere, so wollte ich als heranwachsendes Mädchen SOS-Kinderdorfmutter werden. Ich malte mir aus: ein kleines Haus mit sechs Kindern, turbulent und leicht chaotisch, Lachen und Spielen, Dreck und Unordnung und auch das Eingebundensein in eine größere Gemeinschaft. Später wollte ich dann gern Medizin studieren, aber mein

Abiturzeugnis reichte dafür wohl damals nicht, und vielleicht war ich auch zu wenig selbstbewusst, um meine Wünsche meinem Vater gegenüber zu verbalisieren. So machte ich zunächst eine Banklehre aufgrund des Vorschlags meines Vaters, also etwas »Gescheites«, obwohl ich mit Zahlen nicht besonders viel anfangen konnte. Nachdem ich diese Zeit ganz gut hinter mich gebracht hatte, war mir am Ende klar, dass das Einzige, das mich während der Ausbildung ansatzweise interessierte, die juristischen Fragen waren. So war es nur natürlich, nach dieser Zeit mit dem Jurastudium anzufangen. Mein Vater – selbst Jurist – hielt dies natürlich für sinnvoll, zumal er keinen Sohn hatte, der in seine beruflichen Fußstapfen hätte treten können. Das Abstrahieren und die großen Zusammenhänge interessierten mich, zumal ich dadurch auch vieles besser zuordnen und verstehen konnte. Innerlich hatte ich aber doch eine große Distanz zu dem, was ich lernte. Es entsprach nicht meinem Wesenskern. Aber können wir mit zwanzig Jahren schon so eindeutig sagen, wohin unser Lebensweg geht und was unserer Persönlichkeit wirklich entspricht?

Das Leben selbst führt uns doch oft erst viel später auf den passenden Weg.

Nun ja, ich hatte das große Glück, einen wunderbaren Mann zu finden, mit dem ich vier Kinder bekommen habe. So ein bisschen wie im SOS-Kinderdorf war es bei uns schon, da wir auch immer noch andere Kinder bei uns hatten und es bei uns so turbulent zuging mit Legosteinen im gesamten Wohnzimmer verteilt, als die Kinder noch klein waren, dass eine »Leihoma«, die sich bei uns vorstellte, schnell Reißaus nahm. In so einer Unordnung könnte sie sich nicht aufhalten, sagte sie. Das passte wohl nicht. Sicher gut für uns alle, dass dies rasch so klar wurde.

Durch den Tod von Benni begann für mich das Nachdenken über meinen weiteren beruflichen Weg. Obwohl ich mich noch nicht mit der Logotherapie beschäftigt hatte, spürte ich ziemlich schnell, dass mein Weg in eine andere Richtung als bisher gehen würde. Bis ich den Mut fasste, meine »alte berufliche Haut« wirklich abzustreifen, sollte es noch etwa zwei Jahre dauern. Ich verabschiedete mich schrittweise von allem, was mich bisher beruflich beschäftigte. Dazu gehörte auch, dass ich meine anwaltliche Zulassung zurückgab. Ab jetzt war ich frei, und diese neue Freiheit schaffte in mir den Raum, dem nachzugehen, was mich antrieb: da zu sein für andere, mich ganz auf sie einzustellen und sie auf den ersten Schritten zu begleiten, nach dem Tod eines nahestehenden Angehörigen. So entstand auch das Projekt *Akutbegleitung Primi Passi – Erste Schritte.* Unendlich dankbar bin ich, dass der Verein *Verwaiste Eltern München* sich von dieser Idee anstecken ließ, wir gemeinsam ein gutes Konzept entwickelten und dank der Unterstützung des Sozialministeriums auch die Anfangsfinanzierung für dieses Projekt bekommen haben, damit diese Betreuung unmittelbar nach einem Todesfall ins Leben finden konnte. Und sie hat ins Leben gefunden zum Segen für viele Menschen, so denke ich.

Ein besonderes Herzensanliegen sind für mich die Einzelgespräche geworden. In diesen Gesprächen kann ich mich ganz auf den einzelnen Menschen oder das Paar konzentrieren, auf ihre besondere Trauersituation, und gemeinsam mit ihnen einen Weg suchen, der ihrer persönlichen Situation entspricht, und ich kann mich ganz auf ihren individuellen Trauerrhythmus einstellen. Meist kommen die Betroffenen etwa ein bis zwei Jahre lang in regelmäßigen Abständen zu mir, bis sie dann oft selbst spüren, dass sie nun mit ihrer Trauer allein gut weiterleben können. Ich habe den Luxus, dass ich nicht auf die Zeit schauen muss wie ein Psychotherapeut, sondern das Gespräch in der Regel eine bis eineinhalb Stunden führen kann. Es hat sich gezeigt, dass der mit mir befreundete Therapeut immer wieder einmal die gleichen »Klienten« hat und wir uns sehr schön ergänzen können. Ich denke, dies ist eine große Bereicherung für viele Betroffene. Wie sagte doch einmal ein Therapeut im Zusammenhang mit Trauernden?

»Wenn ich als Therapeut nicht weiterweiß, mach ich als Mensch weiter.« Ich habe das Glück, gleich als Mensch anfangen zu können.

Die Trauernden, die kommen, fragen meist, wie sie mich bezahlen könnten. Ich kann dann immer sagen, dass ich diese Begleitung ehrenamtlich mache. Genauso ist es bei der Gestaltung von Trauerfeiern oder Jahresgedenktagen. Immer wieder werde ich von Freunden aufgefordert, doch etwas dafür zu nehmen. »Sonst ist deine Arbeit nichts wert«, sagen sie. Das empfinde ich überhaupt nicht so. Ich kann es nicht. Ich »kann Geld nicht«. Natürlich freue ich mich, wenn die Menschen mir eine kleine Aufmerksamkeit zukommen lassen, wie von einem Paar, das Hühner auf dem Hof hat, frische Eier, oder einmal einen Blumenstrauß oder sonst eine Kleinigkeit. Eine »seelenreife« Freundin, die MS-krank ist und im Rollstuhl sitzt – ich empfinde sie nicht als krank –, gab mir einen wertvollen Hinweis. Sie macht selbst Lebensberatung und schöpft aus einem reichen persönlichen Entwicklungsschatz. Einmal fragte sie mich, wie viel Geld ich für eine Beratungsstunde nehmen würde, um einen Maßstab für die finanzielle Bewertung ihrer eigenen Arbeit zu haben. Worauf ich ihr antwortete: »Weißt du, Katja, Geld kann ich nicht.« Daraufhin hat sie mir etwas sehr Kluges und Weises geantwortet: »Warum machst du dich so klein und drückst deine Haltung so negativ aus? Sag doch zum Beispiel lieber: ›Das ist mein Geschenk ans Leben.‹« Mich hat dieser Rat, meine Haltung so zu formulieren, beglückt und bereichert. Wie recht sie hatte, denn genau das entspricht mir und meiner inneren Wertigkeit. »Ja, es ist mein Geschenk ans Leben!« Mit dieser neuen, beziehungsweise freigelegten Energie geht es mir gut, und ich kann mit vollem Herzen jede Aktivität in dieser Richtung beginnen und für mich positiv würdigen.

»Geld kann ich nicht!« »Stimmt«, sagt mein Mann, und lacht.

ganz werden

elend
wer rafft

halb nur
wer hortet

ganz erst
wer teilt.

Kurt Marti

Worauf es wirklich ankommt

Materielle Werte spielen für Trauernde meist nicht mehr die Rolle wie vor dem Todesfall. Aus einer finanziell gesicherten Position heraus ist das leicht zu sagen, mag sein, aber auch Menschen, denen nicht viel Materielles zur Verfügung steht, erkennen, dass Geld kein Kriterium dafür ist, um sich besser oder emotional stabiler zu fühlen. Der Tod ist der große Gleichmacher. Das hat auch etwas Gutes. Ich habe über all die Jahre beobachten können, dass die, die es können, gern andere unterstützen, ohne dass dies überhaupt erwähnt werden muss. Es will nämlich durchaus gelernt sein, etwas anzunehmen, weil es viel schwieriger ist, als etwas zu geben. Auch dies lernen Trauernde. Und es ist tatsächlich so, dass die, die geben, genauso beschenkt werden wie die, die nehmen. Wir sitzen alle im gleichen Boot, im Trauerboot, und wir wollen gemeinsam ans andere Ufer kommen, wo wir wieder Lebensmut und Lebenskraft finden können. So haben viele ihre finanziell gut ausgestattete, gesicherte berufliche Position aufgegeben, um mehr Zeit für sich und die Familie, Freunde, neue Aufgaben oder Hobbys zu bekommen. Sie haben es nicht bereut. So hat es sich beispielsweise ein mit uns befreundeter Trauernder gegönnt, seiner Leidenschaft, dem Fotografieren, mehr zeitlichen Raum zu geben und nur noch halbtags als Arzt in der Praxis zu arbeiten. Wunderbare Landschaftsbilder sind entstanden und er schafft sich und anderen Menschen damit einen Wert, der nicht in Geld aufgewogen werden kann. Er schaut mit »neuen« Augen auf und in die Welt.

Andere nutzen die frei gewordene Zeit, um kleinere oder größere Reisen zu machen. Der Ortswechsel und das Kennenlernen anderer Kulturen oder Gegenden tut ihnen gut.

Eine Mutter aus Südtirol, die ich bei einem Vortrag kennenlernte, schrieb mir, dass sie nach dem Tod ihres Sohnes begonnen hatte, Kerzen zu verzieren. Sie schenkte mir eine wunderschöne Kerze, die sie liebevoll mit Bennis Namenszug verziert hatte. Das war so ein berührendes Geschenk, wertvoller als jedes fertig gekaufte und für mich ein Zeichen, dass diese Mutter für sich eine Ausdrucksform gefunden hatte, um ihrer Trauer und ihrer Empathiefähigkeit Gestalt zu geben.

Die schönsten Geschenke sind die, die wir uns nicht kaufen können.

Das, was ich als wirkliche Kostbarkeit empfinde, ist die Tiefe der menschlichen Beziehungen, die sich aus dem gemeinsamen Unterwegssein entwickelt. Da wir die tiefsten Tiefen miteinander geteilt haben, fällt alles sonst langsam Sich-Herantastende, um sich kennenzulernen, weg, und wir kommen gleich zum Wesentlichen. Ja, zum tiefsten Kern unseres Wesens, und das schafft eine Verbindung, die eine tiefe Qualität und Unmittelbarkeit beinhaltet, die etwas ganz Besonderes bedeutet. Small Talk, belangloses Dahinplätschern eines Gespräches, fällt weg. Eine große Dankbarkeit empfinde ich dafür, es macht mein Leben wertvoller und reicher.

Die Werteskala hat sich verschoben: geschenkte Zeit, vorbehaltlose Zuwendung und achtsames Zuhören sind Haltungen, die tragen und wieder Vertrauen in das Leben ermöglichen können.

Das Sparschwein

Meine Patentante, die »große« Schwester meines Vaters, fünf Jahre älter als er, von der ich auch meinen Namen habe, starb mit 100 Jahren in ihrem schönen Zuhause in Hamburg. Den 100. Geburtstag hat sie noch mit der Familie und einigen alten Freunden gefeiert. Zuvor hatte sie immer gesagt: »100 will ich nicht werden, aber ich habe bereits einen Redner für diesen Anlass, sollte ich doch noch leben!« So bekam sie noch schöne Reden, begrüßte ihre Gäste selbst und machte im Rollstuhl sitzend ein paar launige Bemerkungen. Gegessen hat sie nur noch wie ein kleines Vögelchen. Nach dem Fest allerdings wurde sie immer weniger und starb ein halbes Jahr später zu Hause, optimal behütet und gepflegt. Als sie starb, war ich dabei. Die letzten Tage hat sie sich noch sehr schwergetan. Sie meinte nur, als sie noch sprechen konnte: »Ich wusste gar nicht, dass sterben so schwer ist.«

Sie wollte keine Trauerfeier, nichts Christliches, obwohl sie doch wie mein Vater aus einem christlich geprägten Elternhaus stammte. Vielleicht war die große Trauer nach dem Tod ihres Mannes – sie waren jung verheiratet –, der im Zweiten Weltkrieg über der Ostsee als Luftwaffenoffizier abgeschossen wurde, die Ursache dafür. Danach hat sie nie mehr geheiratet. Aber nach ihrem Tod so gar nichts zu machen und ihr langes Leben nicht noch einmal Revue passieren zu lassen, das ging schließlich auch nicht. Das empfand ich als unwürdig. So machten wir in ihrer schönen, großen Wohnung eine ganz intime kleine Gedenkfeier. Wir saßen alle zusammen im Wohnzimmer, ich hatte mir einige passende Texte ausgesucht, stimmige Musik überlegt und jeder von uns erzählte, was er für Erlebnisse und Erfahrungen mit ihr gemacht hatte. Es konnte dabei auch gelacht werden, denn sie hatte zu Lebzeiten einen guten, trockenen Humor gehabt. Im Nebenzimmer war sie aufgebahrt, wir hatten den Raum mit schönen Blumen geschmückt und Kerzen angezündet. Jeder, der wollte, konnte zu ihr ins Zimmer gehen und sich von ihr persönlich verabschieden. Für manchen, der dabei war, war diese Form der Abschieds- und Gedenkfeier ungewohnt und vielleicht zunächst auch etwas befremdlich, aber später sagten mir doch die meisten, dass ihnen diese Art der Feier gut gefallen hat.

Zu einem späteren Zeitpunkt wurde ihre Urne im Rahmen einer Seebestattung der Ostsee übergeben. Es war ihr Wunsch, hier mit ihrem Mann örtlich verbunden zu sein. Für mich war es die erste Seebestattung, die ich mitgemacht hatte. Da ich nicht wusste, wie so etwas abläuft, hatte ich nur zwei kleine Texte sicherheitshalber mitgenommen. Etwas peinlich berührt war ich, wie der Kapitän als Trauerredner seinen Text vortrug, der zu jedem gepasst hätte und bei einer Hundertjährigen irgendwie unpassend war. Es war schon fast wieder komisch, wie er mit seiner aufgesetzten Trauermiene von der tief empfundenen Trauer der Angehörigen sprach. Ansonsten, mit dem Gong der Schiffsglocke und den Blumen, die wir der Urne hinterher ins Wasser warfen und die dann, durch die Umrundungen mit dem Schiff einen schönen Kranz auf der Wasseroberfläche bildeten, war es aber auch auf eine Weise anrührend.

Als Nichte und Mittestamentsvollstreckerin hatte ich die Aufgabe, den ganzen Nachlass zu sichten, zu sortieren und die Vermächtnisse zu erfüllen. Da meine Tante zu der Generation gehörte, die noch zwei Weltkriege miterlebt hatte, war sie sehr sparsam gewesen und hatte vieles aufgehoben. Das alles einfach in einen Container zu werfen, kam mir nicht in den Sinn. So haben wir uns gemeinsam mit meiner Schwester und meinem Schwager bemüht, sehr sorgfältig mit den Hinterlassenschaften umzugehen. Tagelang saßen wir über Büchern, Briefen, schriftlichen Unterlagen und manchmal verloren wir uns auch in interessanten Aufzeichnungen, Einkaufslisten von 1945 mit für uns heute erstaunlichen Preisen. Es wurde damals sehr sorgfältig Buch geführt über die Ausgaben.

Abends waren wir dann völlig kaputt und konnten nur müde ins Bett fallen. Am letzten Abend wollten wir mit unserem Neffen und seiner damaligen Freundin zum Essen gehen, um uns für die geschaffte Arbeit zu belohnen. Wir hatten auch etwas ganz Besonderes beim Aufräumen entdeckt: ein großes mit Zweieurostücken prall gefülltes Sparschwein aus Plexiglas! Ich öffnete es, und wie zur Entspannung zählte ich die Münzen. Es waren genau einhundert Münzen in dem Schwein. »Wie genial ist denn das«, dachte ich mir. Ich füllte die Münzen zurück ins Schwein und wollte es zum Abendessen mitnehmen. Wir ließen es uns richtig gut gehen in dem gemütlichen, feinen Restaurant. Wir waren richtig erschöpft und brauchten dringend eine Stärkung. Zunächst tranken wir einen Sekt auf Tante Freya, guten Wein gab es auch, wir wollten alle nicht mehr Auto fahren, und die ganze Anspannung der letzten Tage löste sich. Der Ober hatte wohl auch seine Freude mit uns, weil wir, durch die Erschöpfung und den Wein bedingt, lustig und sicher auch ein bisschen albern waren. Auf jeden Fall war es eine fröhliche Stimmung. Zum Schluss ließ ich mir die Rechnung geben. Sie war höher als der Inhalt des Sparschweins. Und so legte ich ihm den entsprechenden Betrag hin, stellte das Schwein daneben, und sagte ihm: »Es sind 200 Euro da drinnen.« Er nahm das Schwein, wog es in seiner rechten Hand und meinte lachend: »Okay, so hat mir bisher auch noch keiner die Rechnung bezahlt!« Er glaubte mir und ging lachend weg.

Ganz begeistert und beglückt von der unverhofften, lässigen Reaktion des Obers verließen wir das Restaurant. So hat uns Tante Freya auch nach ihrem Tod noch eine originelle Freude ermöglicht.

annäherung an die wirklichkeit

nicht durchblicken
sondern anblicken

nicht im griff haben
vielmehr ergriffen sein

nicht bloß verstehen
auch zu dir stehen

nicht durchschauen
einfach nur anschauen

so werden wir wirklich
wir

Andreas Knapp

Das Unerwartete tun

Manchmal ist es genau das, womit wir überhaupt nicht rechnen, was uns große Freude macht. Unerwartetes zu tun, ruft vermutlich meistens ein Lächeln, auch bei Trauernden, Schwerkranken oder sonst Leidenden, hervor. Voll Dankbarkeit werden sie dieses Unerwartete annehmen. Meine »kleine Schwester« war beispielsweise sehr gerührt, als alte Freunde unangemeldet aus über 600 Kilometern Entfernung erschienen, um beim ersten Gedenkgottesdienst für ihren verstorbenen Sohn diese besondere Feier mit ihrer Familie zu erleben. Und es war Winter gewesen, also recht ungemütlich zum Fahren.

Als meine Vizetochter, Elisabeth, auf der Transplantationsabteilung im Parterre der Universitätsklinik wegen ihrer Knochenmarksspende in einem absoluten Isolationszimmer lag, es war ebenfalls Winter, erschienen plötzlich vor dem großen Fenster sechs ihrer Freunde, sangen ein Geburtstagsständchen mit einem Geburtstagskuchen in der Hand und brachten ihr ein Vogelhäuschen mit, damit sie von ihrem Bett aus die Vögel beobachten konnte, wo sie doch sonst kaum Besuch empfangen durfte.

Ich erinnere mich, dass wir in unserer großen Familie am Morgen des 24. Dezembers alle grundsätzlich mit Vorbereitungen für den Abend vollauf beschäftigt waren: mit letztem Einpacken der Geschenke, schnell noch ein paar Karten schreiben, die letzten Einkäufe erledigen, das Essen vorbereiten, den Tisch schön decken. Ich machte mich dennoch immer auf den Weg, um im Pflegeheim oder in der Augustinum-Seniorenresidenz alte Menschen zu besuchen, die mir besonders ans Herz gewachsen waren. Meine Familie damals wusste, dass dies für mich fest zu Weihnachten dazu gehörte. Ich sehe noch heute die erstaunten, freudigen Augen der alten Damen, weil sie zu diesem Zeitpunkt so gar nicht mehr mit einem Besuch von mir gerechnet hatten, wo ich doch zu Hause so viel zu tun hätte, wie sie meinten. Meist brachte ich eine kleine Weihnachtsgeschichte mit, die ich ihnen vorgelesen habe, denn sie konnten wegen ihrer schlechten Augen oft nicht mehr lesen. Bei einem späteren Treffen sagten sie mir dann, dass mein Besuch bei ihnen das schönste Geschenk für sie gewesen sei. Da ging mir natürlich das Herz auf, und ich spürte, dass das doch gerade den Sinn von Weihnachten ausmacht.

Von der Beerdigung der Mutter einer alten Schulfreundin in Schleswig-Holstein erfuhr ich zufällig, die ganze Familie hatte ich jahrelang nicht mehr gesehen, aber irgendwie spürte ich, dass ich da hinmüsse, weil diese Familie in meiner Kindheit auch eine große

Rolle spielte. So buchte ich kurz entschlossen einen Flug nach Hamburg und schaute, wie ich von da aus weiter aufs Land kam. Damit hatten sie nun überhaupt nicht gerechnet, dass ich zu der Trauerfeier kommen könnte, wo sie doch wussten, dass ich in München lebte. Sie hatten sich so gefreut, dass ich gekommen war. Die erstaunten Gesichter der Trauerfamilie beim Wiedersehen, darüber habe auch ich mich natürlich gefreut. Nun wusste ich, dass es die richtige Entscheidung war, dort hinzufahren. Und seitdem haben wir auch wieder einen regelmäßigen Kontakt, was für uns alle schön und bereichernd ist.

Wir haben einen ganz besonderen Handwerkerfreund, der uns, als wir in das Haus zogen, in dem wir jetzt wohnen, immer tatkräftig unterstützte. Wir freundeten uns an. Ich wusste, dass es ihm auch nicht immer so gut ging, und so verabredeten wir uns in den ersten Jahren immer wieder einmal abends. Ich kochte etwas und wir erzählten uns, was uns beschäftigte. Danach setzte sich jeder an »seinen Tisch« – ich in meinem kleinen Arbeitszimmer, er an den großen Esstisch, um seine Rechnungen zu erstellen. In dieser Zeit wohnte auch unsere damals kranke Vizetochter Elisabeth bei uns. Einmal waren wir eine ganze Nacht lang nicht da und damit sie sich nicht so allein fühlte, werkelte er bis um Mitternacht in unserem Heizungskeller herum, damit sie gut schlafen konnte. Als ich später davon hörte, war ich ganz gerührt, aber es entsprach einfach seiner liebevollen, umsichtigen Art, ohne groß Aufhebens davon zu machen.

So etwas Ähnliches und doch ganz anderes, aber eben auch für die Beteiligten Unerwartetes initiierten wir, nachdem wir unser Treppenhaus haben renovieren lassen. Es waren dafür viele Gewerke notwendig. Nachdem alles fertig und in unseren Augen wunderschön geworden war, lud ich alle Handwerker zu einem »Treppenfest« ein. Ich hatte ein paar Stühle dort aufgestellt, wo es möglich war, ansonsten bunte Kissen auf die alten Treppenstufen verteilt, ein einfaches Essen und genug zu trinken auf der Terrasse vorbereitet. Es wurde ein »Bedankemichfest« mit einer ganz besonderen Atmosphäre.

Wenn ich so ansehe, was mir so oft widerfahren ist, ist es stets das Unerwartete, das die Qualität der Beziehungen ausmacht: die roten Eier, die Aussprüche meines Enkels, das Vogelhäuschen, die besondere Kerze, der unerwartete Besuch, das Sparschwein, das als Bezahlung akzeptiert wurde. Es sind jeweils die schönsten Geschenke, die wir uns nicht kaufen können.

Treue muss belohnt werden

Meine langjährige Freundin Brigitte, Patentante unseres jüngsten Sohnes und alleinstehend, begleitete unser Familienleben von Beginn an. Sie gehörte dazu. Viele Weihnachtsfeste war sie bei uns, stand uns treu zur Seite, wenn es bei uns einmal »brannte«, und genauso versuchte ich für sie da zu sein, wenn sie Unterstützung brauchte. Sie führte ein ganz anderes Leben als wir, war bis zur Rente voll berufstätig, war sehr kulturbegeistert und gebildet und am Wochenende ging sie in die Berge, das war ihre große Leidenschaft. Unser Leben sah ganz anders aus. Eine große Familie um uns herum, die Kinder mit ihren unterschiedlichen Programmen am Wochenende, die wir zu begleiten versuchten, und seit Bennis Tod meine neuen Aufgaben, die immer mehr Zeit, Zuwendung und inneres Engagement in Anspruch nahmen. So war sie oft enttäuscht, dass ich ihr nicht mehr so viel Zeit schenken konnte wie früher, und wir hatten manche Diskussionen darüber oder auch schon mal Streit.

Enttäuschung auf beiden Seiten. Ich war enttäuscht, dass sie meinen neuen Weg nicht so recht verstehen konnte, sie war enttäuscht, dass ich nicht mehr so viel mit ihr unternehmen konnte. Viele haben erlebt, dass sich nach dem Tod Beziehungen verändern. Wir können nicht glauben, dass sich bei jahrzehntelangen Freundschaften Unverständnis und mangelndes Einfühlungsvermögen wie ein Graben auftun, der nicht mehr zu überbrücken ist. So war es bei uns mit ihr nicht. Sie war sehr liebevoll und einfühlsam. Da sie jedoch keine Familie hatte, waren die wenigen Freundinnen besonders wichtig für sie. Einmal sagte ich zu ihr: »Biggi, du weißt aber, dass, wenn es dir schlecht geht, ich immer für dich da bin.« Ja, das wusste sie wohl.

Und so kam es. Eines Tages rief sie mich ganz verzweifelt an, dass sie Darmkrebs habe, operiert werden musste, und von da an begann, nach einer kurzen Hoffnungszeit, eine zwei Jahre dauernde Leidenszeit. Schwer war es. Tapfer war sie. Ich versuchte, so viel wie möglich für sie da zu sein, hatte alle Vollmachten und die Patientenverfügung bekommen. Viele Stunden saßen wir zusammen in Krankenhäusern. Das letzte Silvester verbrachten wir, mein Mann und ich, gemeinsam mit ihr im Krankenzimmer, aßen kleine Lachsbrötchen, tranken Prosecco und konnten auch noch zusammen lachen.

Sie nahm mir ein Versprechen ab: »Wenn ich sterben sollte, versprich mir, dass du schaust, dass ich wirklich tot bin, bevor ich in den Sarg gelegt werde.« »Ich verspreche es dir.« Und ich habe es getan. Ich war da, als sie eingesargt wurde. Die Trauerfeier, die ich mit einem evangelischen Pfarrersfreund von ihr machen sollte, wurde entsprechend ihren Wünschen gestaltet. Sie hatte genaue Vorstellungen. Die ganze Verabschiedung war würdig und schön. Ich spürte, wie viel mehr Kraft mich diese Begleitung, die ich von Herzen gern gemacht habe, gekostet hat. Es ist doch etwas ganz anderes, ob ich in meiner »Profession« bin und mir bis zu diesem Zeitpunkt fremde Menschen begleite oder ob ich einem mir lieben Menschen über den Tod hinaus ganz nahe bin und das mir Mögliche für ihn tue.

Mit einer anderen Freundin, Karin, die sich treu, sehr treu um »unsere« Brigitte kümmerte und den ganzen rechtlichen und finanziellen Bereich übernommen hatte, suchte ich einen schönen Platz auf dem Friedhof aus, von dem wir annahmen, dass er auch ihr gefallen hätte. Wir wählten beim Steinmetz, der gegenüber des Friedhofs seine Werkstatt hat, einen schlichten, aus den bayerischen Bergen stammenden Stein aus, einigten uns über die Inschrift und meinten, sie wäre wohl mit uns zufrieden. Der Steinmetz dort ist ein ganz besonderer Mensch, seine Werkstatt auch. Er selbst ist hager, einsilbig, in sich gekehrt, schlank, mit einem lebenserfahrenen, makanten Gesicht, und nicht gerade der Typ, der auf Kundenfang aus ist.

Ich mag solche Orte, leicht verwunschen, etwas chaotisch, vor allen Dingen alte Steine, und so schaute ich mich dort in Ruhe um. Auf einmal entdeckte ich eine Skulptur, die mir sofort ins Auge, beziehungsweise ins Herz sprang. Eine junge Frau, leicht gebeugt, die einem durstigen kleinen Kind einen Krug reicht, damit es daraus trinken kann. Ich sah diese Skulptur gedanklich in meinem Garten, wusste auch sofort die Stelle, wo sie stehen müsste. Ich fragte, ob er sie verkaufen würde. »Kommt überhaupt nicht infrage. Das ist eine besondere, die verkaufe ich nicht.« »Okay«, meinte ich, »aber ich kann ja irgendwann einmal wieder fragen.« »Brummelbrummel« kam dann nur. Ein Jahr später, anlässlich des ersten Todestages unserer Freundin, schauten wir nach dem Grabbesuch wieder dort vorbei. Die Figur war noch da. Ob er es sich vielleicht anders überlegt hätte und mir die Figur doch verkaufen würde? »Nein, habe ich doch schon gesagt«, war seine einzige Reaktion. Also zogen wir wieder ab. Karin wunderte sich, dass ich wieder gefragt hatte, obwohl er mir doch im Jahr davor schon eine Abfuhr erteilt hatte. »Naja, fragen kann man ja«, dachte ich.

Beim zweiten Todestag von Brigitte schaute ich wieder in der Werkstatt vorbei, die Skulptur stand noch da, er würdigte mich kaum eines Blickes und sagte nur: »Lassen Sie es einfach.« Ich lächelte ihn an und verabschiedete mich freundlich.

Beim dritten Todestag wollte ich erneut hingehen. Karin meinte nur: »Das wagst du noch? Das hat doch sowieso keinen Sinn«, und sie lachte. »Es zu versuchen schadet nichts«, war mein Gedanke.

Wir betraten seinen Hof, er sah mich, kam auf mich zu, und ohne dass ich etwas sagte, meinte er nur: »Treue muss belohnt werden!« Er hatte mich erkannt und war bereit, mir die Figur zu überlassen. Ich konnte es kaum glauben, dass ich nun die Skulptur wirklich bekommen sollte. Nach drei Jahren. Er zeigte sie mir. Er hatte sie sandgestrahlt, sie sah noch schöner aus als all die Jahre davor. Ich habe mich unwahrscheinlich gefreut. Wir einigten uns über den Preis, er erzählte die Geschichte, die mit dieser Figur verbunden war, und weil sie mit dem Sockel sehr schwer war, brachte er sie mir selbst in den Garten. Er stellte sie dort auf, wo ich es vorgesehen hatte, und freute sich offensichtlich ausgesprochen, dass sie einen so schönen Platz gefunden hatte. »Treue muss belohnt werden«, dieser Satz ist mit der Skulptur verbunden. Manche meinen jetzt vielleicht, mein Verhalten sei einfach penetrant und nicht in Ordnung gewesen. Letztlich war es jedoch so, dass auch ich ihm eine Freude machte, denn er brauchte das Geld, um das Grab des Sohnes jenes Künstlers bezahlen zu können.

Manchmal müssen wir warten können, uns innerlich lösen von etwas, das wir uns wünschen, und vielleicht geschieht es dann eines Tages – wann auch immer.

Mein schönstes Gedicht

Mein schönstes Gedicht?
Ich schrieb es nicht.
Aus tiefsten Tiefen stieg es.
Ich schwieg es.

Mascha Kaléko

Treu sein und sich dem Leben öffnen

Treue ist ein altmodisches Wort. Jemandem die Treue halten, was heißt das? Für mich bedeutet es, dass ich zu diesem Menschen stehe, egal was passiert. Dass ich, wenn ich mein Versprechen, mein Wort gegeben habe, dazu stehe, es halte. Wenn ich mir die oben erwähnte Geschichte vor Augen führe, so ist es auch ein Stück Hartnäckigkeit, ein Am-Ball-Bleiben und die Hoffnung nicht aufgeben. Ein Glaube daran, dass sich Umstände und Menschen verändern können.

Was heißt das für die Trauer? Darf ich mich als Witwe eines Tages wieder in einen anderen Mann verlieben oder werde ich damit meinem verstorbenen Mann gegenüber untreu? Ist es vielleicht falsch verstandene Treue, wenn ich es mir nicht erlaube, mich dem Leben neu zu öffnen? Darf ich leben, vielleicht sogar noch das Leben genießen, wenn mein geliebter Verstorbener nicht mehr lebt?

Eine Cousine von uns war über fünfunddreißig Jahre glücklich verheiratet. Der sehr viel ältere Mann starb nach längerem Kranksein, währenddessen sie ihn rührend umsorgt und gepflegt hatte. Da sie ein sehr aktiver, aufgeschlossener Mensch ist, hat sie einen großen Freundes- und Bekanntenkreis, der sie nach dieser schweren Zeit auch wieder gut integrierte. Nach etwa drei Jahren lernte sie einen älteren Herrn, Witwer, kennen, der ihrem Anspruch nach Bildung und Niveau entsprach. Sie machten gemeinsam Reisen, er genoss es, diese jung gebliebene aktive und attraktive Frau neben sich zu haben, er nannte sie »meine Abendsonne«. Eines Tages heirateten sie kirchlich, ganz allein in einem Kloster in Österreich. Als sie mir die Hochzeitsbilder zeigte, sah ich, dass auf dem Altar das Bild der verstorbenen Frau und des verstorbenen Mannes aufgestellt waren. Es hat mich zu Tränen gerührt, als ich das sah. Ich dachte mir, die beiden haben tatsächlich verstanden, worauf es ankommt. So waren die verstorbenen Partner Teil der Feier, wurden mit einbezogen und bekamen ihren Platz und ihre Würde. Die beiden waren sich sicher, dass auch die Verstorbenen ihren Segen zu dieser Feier gegeben haben.

Und dann gibt es noch die Treue zu sich selbst. Was heißt das für mich? Treue zu sich selbst ist eng verknüpft mit der Frage, warum wir überhaupt auf der Welt sind. Junge Menschen werden vielleicht sagen, wir sind hier, um Spaß zu haben, wir wollen möglichst viel erleben. Andere meinen, ein gottgefälliges Leben führen zu müssen. Für mich würde ich es etwas anders ausdrücken: »Wir sind hier auf der Welt, um zu wachsen und zu reifen und dem Leben zu dienen.« Und dazu gehört, dass ich immer mehr so werde, wie ich von Gott gedacht bin. Es ist ein langer, aber lohnenswerter Weg. Das bedeutet, mir selbst auch in kritischen Situationen treu zu bleiben, auch wenn es nicht opportun ist. Authentizität ist dabei ein Schlüsselwort, aber das allein genügt nicht, sondern, um mit Viktor E. Frankl zu sprechen, wir müssen uns immer wieder fragen, was unsere Aufgabe jetzt ist. Und nach dem Verlust eines lieben Menschen ist genau das unsere Aufgabe, diesen schmerzhaften Verlust zu integrieren, um uns dann dem Leben in seiner ganzen Fülle wieder widmen zu können. Letztlich geht es darum, an dem Verlust bzw. mit dem Verlust zu wachsen und zu reifen und uns somit in unseren Lebens- und Gestaltungsmöglichkeiten treu zu bleiben. Und damit dem Verstorbenen einen lebendigen Platz in unserem Innern zu bewahren.

Treue heißt also nicht Stillstand, sondern Veränderung und Wandel in der Verantwortung für das Leben anzunehmen.

Als ich mich selbst zu lieben begann,
habe ich verstanden, dass ich immer und
bei jeder Gelegenheit
zur richtigen Zeit am richtigen Ort bin
und dass alles, was geschieht, richtig ist –
von da an konnte ich ruhig sein.
Heute weiß ich: Das nennt man
VERTRAUEN.

Als ich mich selbst zu lieben begann,
konnte ich erkennen, dass emotionaler Schmerz
und Leid
nur Warnungen für mich sind, gegen meine
eigene Wahrheit zu leben.
Heute weiß ich: Das nennt man
AUTHENTISCH SEIN.

Als ich mich selbst zu lieben begann,
habe ich aufgehört, mich nach einem anderen
Leben zu sehnen,
und konnte sehen, dass alles um mich herum
eine Aufforderung zum Wachsen war.
Heute weiß ich, das nennt man REIFE.

Als ich mich selbst zu lieben begann,
habe ich aufgehört, mich meiner freien
Zeit zu berauben,

und ich habe aufgehört, weiter grandiose Projekte
für die Zukunft zu entwerfen.
Heute mache ich nur das, was mir Spaß und
Freude macht,
was ich liebe und was mein Herz zum Lachen
bringt,
auf meine eigene Art und Weise und in meinem
Tempo.
Heute weiß ich, das nennt man
EHRLICHKEIT.

Als ich mich selbst zu lieben begann,
habe ich mich von allem befreit, was nicht
gesund für mich war,
von Speisen, Menschen, Dingen, Situationen
und von allem, das mich immer wieder
hinunterzog, weg von mir selbst.
Anfangs nannte ich das »Gesunden Egoismus«,
aber heute weiß ich, das ist SELBSTLIEBE.

Als ich mich selbst zu lieben begann,
habe ich aufgehört, immer recht haben zu wollen,
so habe ich mich weniger geirrt.
Heute habe ich erkannt: das nennt man
DEMUT.

Als ich mich selbst zu lieben begann,
habe ich mich geweigert, weiter in der
Vergangenheit zu leben
und mich um meine Zukunft zu sorgen.
Jetzt lebe ich nur noch in diesem Augenblick, wo
ALLES stattfindet,
so lebe ich heute jeden Tag und nenne es
BEWUSSTHEIT.

Als ich mich zu lieben begann,
da erkannte ich, dass mich mein Denken
armselig und krank machen kann.
Als ich jedoch meine Herzenskräfte anforderte,
bekam der Verstand einen wichtigen Partner.
Diese Verbindung nenne ich heute
HERZENSWEISHEIT.

Wir brauchen uns nicht weiter vor
Auseinandersetzungen,
Konflikten und Problemen mit uns selbst und
anderen fürchten,
denn sogar Sterne knallen manchmal aufeinander
und es entstehen neue Welten.
Heute weiß ich: DAS IST DAS LEBEN !

Rede Charlie Chaplins zum 70. Geburtstag

Dank

Mein herzlicher Dank gilt dem Verlag, der wieder ein ästhetisch ansprechendes Buch hergestellt hat. Die Zusammenarbeit ist eine Freude!

Mein besonderer Dank gilt meiner Lektorin Michaela Breit, die mich seit meinem ersten Buch begleitet. Ihre offene, direkte Art und ihre wertvollen Anregungen machen unsere vertrauensvolle Zusammenarbeit zu etwas ganz Besonderem, was uns beiden Freude bereitet, und nicht zuletzt können wir auch herzlich miteinander lachen.

Ein extra Dankeschön geht an den Verlagsleiter Tobias Winstel, der mir durch seine Idee, Geschichten zu sammeln, den Schwung schenkte, sie aufzuschreiben.

Mein besonderer Dank gilt allen Wegbegleitern, Freunden und der Familie, denn ohne sie hätte ich nicht die Erfahrungen machen können, aus denen die Geschichten ihren »Stoff« bekommen haben. Martin Buber sagt: »Alles wirkliche Leben ist Begegnung.« Mit ihnen allen durfte ich ein Stück Lebensweg gehen, sie haben mir ihr Vertrauen geschenkt, für das ich sehr dankbar bin. Wir haben zusammen gesprochen, geschwiegen, geweint und gelacht. Manchmal ist es nur ein Augenblick im ursprünglichen Sinn: ein Blick in die Augen, der Nähe und Wärme, Verstehen und Geborgenheit bedeutet, das keiner Worte bedarf.

wer das helfende Wort in sich aufruft,
erfährt das Wort.
wer Halt gewährt, verstärkt in sich den Halt.
wer Trost spendet, vertieft in sich den Trost.
wer Heil wirkt, dem offenbart sich das Heil.

Martin Buber

Quellenverzeichnis

S. 12 Mascha Kaléko, Ausverkauf in gutem Rat, in: *In meinen Träumen läutet es Sturm* © 1977 dtv Verlagsgesellschaft, München

S. 17 Andreas Knapp, Zufall, in: *Gedichte auf Leben und Tod* © Echter Verlag, Würzburg 4/2016

S. 25 Marie Luise Kaschnitz, Auferstehung, in: *Überallnie. Ausgew. Gedichte 1928–1965*, Claasen Verlag, Düsseldorf © MLK-Erbengemeinschaft Berlin/München

S. 32 Mascha Kaléko, Take it easy, a.a.O.

S. 52 Rainer Maria Rilke, *Gesammelte Werke*, Insel Verlag, Frankfurt/Main

S. 61 Hilde Domin, Notrufer, in: *Sämtliche Gedichte* © S. Fischer Verlag, Frankfurt/Main 2009

S. 65f. Reinhard Mey, Du hast mir schon Fragen gestellt, in: *Textbuch: Alle Lieder* © Edition Reinhard Mey, Berlin

S. 86 Peter Turrini, Das Nein, in: *Ein paar Schritte zurück. Gedichte* © Suhrkamp Frankfurt/Main 2012, S.12

S. 90 Bernhard von Clairveaux, (1090–1153), zitiert nach: *Andere Zeiten* (Hg.) Der andere Advent 2012/13, Hamburg, 2012

S. 101 Andreas Knapp, Homo ludens, a.a.O

S. 111 Kurt Marti, ganz werden, in: *Der Heilige Geist ist keine Zimmerlinde* © Radius Verlag, Stuttgart 2000, S. 81

S. 120 Andreas Knapp, annäherung an die wirklichkeit, a.a.O.

S. 131 Mascha Kaléko, Mein schönstes Gedicht, a.a.O.

Über die Autorin

Freya v. Stülpnagel ist Juristin und war Anwältin. Nach dem Tod ihres Sohnes begleitet sie seit 1999 im Verein »Verwaiste Eltern e.V.« die Suizid-Gruppe und Trauernde in der Selbsthilfeorganisation AGUS (Angehörige um Suizid) in München. Sie ist seit 2004 Mitglied des Vorstands von »Verwaiste Eltern e.V.«. Als Trauerbegleiterin führt sie Einzelgespräche, begleitet Menschen unmittelbar nach einem Todesfall, leitet offene Trauergruppen, gestaltet Trauergottesdienste und Gedenkfeiern und bietet Traueransprachen an.

Wochenendworkshops für Trauernde oder Fortbildung für Hospizhelfer/innen sind ihr ein weiteres Anliegen. Zusammen mit ihrem Mann hat sie 2015 eine Stiftung gegründet, die sich zum Ziel gesetzt hat, die Akutbegleitung (Primi Passi) für Trauernde weiter aufzubauen.

www.stiftung-primi-passi.de
www.trauerlicht.de